LIDERANDO COMO EL SEÑOR

Lecciones de Liderazgo de Jesús

W. KIRK BROTHERS

Traducido por

RAFAEL PAGUAGA

y

ALBA HARDIN

HERITAGE
CHRISTIAN UNIVERSITY
PRESS

Publicado por Heritage Christian University Press

Derechos del autor de la edición inglés © 2021 por W. Kirk Brothers

Derechos del autor de la edición español © 2024 por W. Kirk Brothers

Impreso en los Estados Unidos de América

Datos de catalogación en publicación

Brothers, W. Kirk (Wilburn Kirk),

Liderando como el Señor: Lecciones de Liderazgo de Jesús / por W. Kirk Brothers

p. cm.

ISBN 978-1-7320483-8-6 (libro de tapa dura en inglés); 978-1-7347665-9-2 (libro electrónico en inglés); 978-1-9568111-6-2 (libro de bosillo en inglés); 978-1-956811-59-9 (edición español); 978-1-956811-60-5 (libro electrónico en español) 1. Liderazgo cristiano. 2. Jesucristo. I. Autor. II. Título.

253-dc20

Las citas de las Escrituras son de la Reina-Valera 1960.

Imagen de portada de Biegun Eschodni. Usado con permiso. Diseño de portada de Brad McKinnon y Brittany Vander Maas.

Para más información:

Heritage Christian University Press
3625 Helton Drive
PO Box HCU
Florence, AL 35630

www.hcu.edu

Heritage Christian Leadership
Institute

La misión del Heritage Christian Leadership Institute es proporcionar talleres, seminarios y recursos que capaciten líderes y siervos piadosos que puedan servir como líderes en congregaciones, familias, y comunidades con énfasis en capacitar a ancianos y diáconos.

Un recurso del Heritage Christian Leadership Institute en colaboración con Heritage Christian University Press.

Cindy Markham Brothers
la fuerza en mis rodillas, la brújula en mi cabeza,
y la esperanza en mi corazón

Joe Brothers
el primer líder que vi

Dorothy Brothers
la primera persona que creyó en mí

Índice

Prefacio

Crecí rodeado de liderazgo. Mi padre, Joe, ha sido un líder desde que tengo uso de memoria: gerente de desarrollo de correas de poliuretano y luego gerente de planta para Gates Corporation; presidente de la Asociación de Fabricantes de Poliuretano; vicepresidente senior de la Asociación Nacional de Gestión; presidente de la Junta Escolar del Estado de Kentucky; presidente de la Asociación de Juntas Escolares de Kentucky; anciano en tres congregaciones diferentes; y predicador de la palabra de Dios. Mi madre, Dorothy, es constructora y animadora de líderes. También me casé con una constructora y animadora de líderes en mi esposa, Cindy. Si mi padre y yo logramos algo en nuestras vidas, será gracias a estas dos mujeres asombrosas y piadosas. Cindy aprendió a ser una constructora y animadora de líderes de su madre, Louise Markham. El padre de Cindy, Roy Markham, sirvió primero como capataz de fábrica y luego sirvió muchos años como predicador del Evangelio en varias congregaciones del sur.

Gracias a organizaciones como Junior Achievement, oportunidades que se me dieron en las Escuelas Independientes de Elizabethtown y congregaciones en Kentucky que me permitieron predicar para ellas; pude aprender sobre liderazgo siendo adolescente a través de experiencias del mundo real. Los campamentos de entrenamiento de predicadores/líderes en la iglesia de Cristo de Pennington Bend y en la Universidad Freed-Hardeman me dieron entrenamiento adicional en mis años de secundaria. Después de la secundaria, aprendí aún más sobre liderazgo a nivel universitario en Lipscomb University, Freed-Hardeman University y Southern Seminary. Muchos profesores impactaron mi comprensión del liderazgo: Tom Holland, William Woodson, Marlin Connelly, Billy Smith, Earl Edwards, Hal Pettigrew y Dennis Williams, por nombrar algunos. Dios me permitió trabajar con iglesias maravillosas en Elizabethtown, Kentucky; Hatley, Mississippi; McMinnville, Tennessee; Columbia, Tennessee; y Selmer, Tennessee. Trabajé con y bajo líderes increíbles en estas congregaciones que pacientemente me moldearon y formaron. Pasé ocho años especiales como profesor en la Universidad Freed-Hardeman. Vi el liderazgo modelado por personas como Billy Smith, Decano de Biblia; y Mark Blackwelder, Director de Estudios de Posgrado. Serví bajo dos presidentes, Joe Wiley y David Shannon. Aprendí mucho de estos hombres que uso en mi posición actual en Heritage Christian University. El presidente Shannon y yo hemos sido amigos desde la secundaria. También ha servido en la junta de Heritage Christian University. Su aliento ha sido una bendición en mi vida.

Desde mi llegada a HCU, he seguido aprendiendo de nuestra junta de fideicomisarios y de los maravillosos líderes empleados en la universidad (especialmente nuestro consejo administrativo). También pude participar en el Programa de Capacitación Ejecutiva de la Asociación para la Educación Superior Bíblica (nuestra agencia acreditadora). A lo largo de mi vida, comenzando por mis padres, he sido alentado y guiado para ser un estudiante de la palabra de Dios. Es en la palabra de Dios donde he aprendido las lecciones más poderosas y transformadoras sobre liderazgo. Creo con todo mi corazón que Jesús es el mejor líder que ha caminado sobre la tierra y que la Biblia es el mejor libro sobre liderazgo.

Aquí está el punto de todo esto: Este libro es el resultado de toda una vida de personas vertiendo su amor y aprendizaje en mi vida, dándome oportunidades para liderar y abriendo la palabra de Dios para mí. Si encuentras algo útil en este libro, deles crédito y agradézceles. En última instancia, este libro no se trata de mí compartiendo lo que he aprendido. Se trata de desafiarnos a sentarnos a los pies de Jesús y aprender a liderar desde Él. Todos los cristianos deben ser conformados a la imagen de Cristo (2 Corintios 3:18). Jesús llamó a sus apóstoles a liderar de la manera en que Él lideró (cf. Juan 13:12-16; Lucas 22:24-27). Por lo tanto, el objetivo de este libro es desafiarnos a vivir y liderar como Jesús. Oro para que alcance su objetivo.

Además de las personas y congregaciones mencionadas anteriormente, hay otros a quienes quiero agradecer en relación con la publicación de este libro. En primer lugar, quiero agradecer a los capaces y dedicados empleados de Heritage Christian University que trabajan incansablemente para Heritage Christian University Press: Bill Bagents, Brad McKinnon. Estoy agradecido con Brittany Vander Maas por la excelente obra de arte de la portada. Estoy profundamente en deuda con Melissa McFerrin por las numerosas horas de trabajo editorial. Agradezco a Michael Jackson, Ed Gallagher y Nathan Daily por editar porciones especificas del libro y a Sarah Dutton por revisar la copia de prueba final. También aprecio a Mark Blackwelder, Michael Jackson, Aubrey Johnson y Dennis Stephen por revisar el libro. Agradezco al consejo asesor del Instituto de Liderazgo Cristiano de Heritage por apoyar la publicación de este texto: Boyd Pate, Don Snodgrass, Mark Miller, Dale Kirkland, Thomas Holiday, Jerry Kirk, Chuck Morris y Marty Gray. El apoyo financiero de Boyd Pate, en particular, hizo posible la publicación en español. Finalmente, debo una gran deuda a Rafael Paguaga y Alba Hardin por llevar este libro al español. Rafael es instructor en la Escuela Bíblica de las Américas en Panamá y traductor para mí cuando imparto cursos cortos. Él hizo la traducción principal del libro. Alba es de Paraguay pero ahora vive en Henderson, Tennessee, y es mi tutora de español. Ella hizo el trabajo editorial principal para llevar la traducción a su forma final. Aunque las personas mencionadas anteriormente participaron de alguna manera en la producción de este libro, no necesariamente significa que estén de acuerdo con cada afirmación que hago en el libro.

Sobre todo, agradezco a nuestro Señor, ¡quien no solo nos enseña a liderar sino que nos usa en su servicio a pesar de nuestras imperfecciones! ¡A Él sea la gloria!

APRENDIENDO A LIDERAR COMO JESÚS

Introducción

Hugo McCord, un predicador del evangelio que conocí desde la niñez, estaba en lo correcto cuando señaló: «Un niño no tropezará tanto cuando ponga sus pies en los rastros que deja su padre sobre la nieve. De igual manera un predicador, cuando mantenga continuamente sus ojos sobre Jesús, tropezará menos. Una razón por la cual el Señor vino al mundo fue para dejar rastros» (1996, 23). Uno de los objetivos de este libro es reavivar un profundo respeto por Jesucristo en el corazón de cada cristiano que lo lea, e imitar su ejemplo de manera más precisa. Aprender sobre lo que hizo de Jesús el más grandioso líder puede ayudar a cada uno de nosotros a hacer lo que hacemos en un modo más efectivo. Las características que lo hicieron exitoso pueden ayudarle a ser un mejor contador, o gerente de ventas, o mecánico, o agricultor, o anciano. Venga, caminemos en sus huellas.

¿Por qué ver a Jesús?

Jesús no tuvo entrenamiento formal aparte del entrenamiento que todo típico niño judío recibiría durante su crecimiento. Él no vino de una familia con riqueza. Fue descrito por Juan el Bautista como: «el Cordero de Dios» (Juan 1:29). Irónicamente, cuando Su familia fue a Jerusalén después de Su nacimiento para ofrecer sacrificios, ellos no podían darse el lujo de ofrecer un cordero a la manera de sacrificio para que fuese el Cordero de Dios. En su lugar, hicieron la ofrenda de dos aves; la ofrenda de los pobres (Lucas 2:22-24; *cfr.* Lev.12:8). Tampoco tuvo poder militar o político. No tuvo un ejército con espadas, escudos, y caballos detrás de Él. No ostentó ningún alto cargo. No creció en un palacio. Jesús era un simple campesino. Él creció como un carpintero en una comunidad menospreciada por muchos. Debido a la naturaleza de Su nacimiento (por el poder del Espíritu Santo), habría aquellos que cuestionarían la integridad de Sus padres.

No obstante, Él cambió al mundo. Sus apóstoles atravesaron el Imperio romano para contarle al mundo sobre Él, aunque significó la muerte para la mayoría de ellos. Miles de millones han sido impactados por Su vida. Millones se han vuelto Sus seguidores. Incontables discípulos comprometidos han marchado hacia la arena para encarar a los leones en su nombre o han proclamado físicamente su fe en Él cuando fueron atados a una estaca mientras las llamas ardían alrededor de ellos. Dos mil años después de Su muerte, Él es conocido por gente de diversas partes del mundo. El libro que cuenta Su historia es el más vendido de todos los tiempos. Me hace recordar a Juan 6. Muchos discípulos estaban dejando a Jesús. Eran solamente seguidores curiosos, no comprometidos. Así que Jesús preguntó a los apóstoles, «¿Queréis acaso iros también vosotros?» (6:67). La respuesta de Pedro es una de las declaraciones más poderosas en las Escrituras: «Señor, ¿a quién iremos? Tú tienes palabras de vida eterna» (6:68). Pienso que la declaración de Pedro también podría aplicarse a nuestro estudio de liderazgo espiritual: «Señor, ¿a quién iremos?» ¿A quién podríamos considerar mejor que la persona más influyente que haya vivido en este planeta?

El viaje a este libro comenzó cuando estaba haciendo mi posgrado. Mi trabajo del doctorado se enfocó en el liderazgo, y en el liderazgo bíblico en particular. Leí cantidades incontables de libros y artículos sobre liderazgo, escuché a profesores que compartieron conocimiento y experiencia, vertí página tras página de investigación, y tecleé cientos de páginas en cuanto al tema. Una cosa me llamó la atención repetidamente mientras examinaba la investigación y la literatura sobre este tema. Seguí notando que muchas de las características y hábitos de los grandes líderes, los cuales están siendo promovidos en libros modernos, seminarios y son revelados en proyectos actuales de investigación, fueron demostrados por Jesús 2000 años atrás.

Por ejemplo, una investigación extraída por encima de 200.000 personas que calificaron a más de 25.000 líderes es observada en el libro *The Extraordinary Leader* (*El líder extraordinario*) de John H. Zenger y Joseph Folkman. Ellos identificaron las siguientes características: «Liderar al Cambio Organizacional, «Habilidades Interpersonales», «Capacidad Personal», «Enfoque sobre resultados» y «Carácter» (2002, 13). En su monumental obra *The Leadership Challenge* (*El desafío del liderazgo*), James M. Kouzes y Barry Z. Posner exploraron los hallazgos de su propia investigación. Descubrieron cinco prácticas del liderazgo ejemplar: «Modelar el camino», «Inspirar una visión compartida», «Desafiar el proceso», «Capacitar a otros a actuar», y «Motivar al corazón» (2017, 12-13). Ellos también identificaron cuatro características primarias que las personas buscan y admiran en sus líderes: «Honesto», «Competente», «Inspirador», y «Prospectivo» (2017, 31). Creo que usted encontrará, en lo que estudiemos el ministerio de Jesús, que estas características se hacen realidad en la vida de Él.

Citaré numerosos libros de liderazgo a lo largo de este libro. Tantas citas pueden causar que usted se sienta, en ocasiones, como que está leyendo un trabajo final para un curso de posgrado. Pero hay una lógica en mi locura. Tengo dos razones primarias del por qué hago esto: (1) para identificar libros que usted querría leer a modo de un estudio adicional, y (2) para ilustrar la realidad de que los principios que son frecuentemente recomendados hoy día fueron enseñados y vividos por el Hijo de Dios mucho tiempo antes de que incluso respirásemos por primera vez.

¿Estamos listos para aprender de Jesús?

El profesor de educación Findley B. Edge, en su libro titulado *Teaching for results* (*Pedagogía fructífera*), señala el papel del estudiante en el proceso de aprendizaje: «el maestro no es el único en la situación de la enseñanza-aprendizaje que causa acción, reacción, e interacción. Algunos de estos factores encuentran su raíz en el alumno» (1999, 37). Hemos establecido el hecho de que Jesús puede enseñarnos a cómo ser grandes líderes, pero nosotros aprenderemos poco si no estamos listos para ser buenos oidores y aprendices.

Jesús se embarcó en un bote a las orillas del mar de Galilea y contó una de sus parábolas más populares y conocidas entre todas, la parábola de los terrenos.

> Juntándose una gran multitud, y los que de cada ciudad venían a él, les dijo por parábola: El sembrador salió a sembrar su semilla; y mientras sembraba, una parte cayó junto al camino, y fue hollada, y las aves del cielo la comieron. Otra parte cayó sobre la piedra; y nacida, se secó, porque no tenía humedad. Otra parte cayó entre espinos, y los espinos que nacieron juntamente con ella, la ahogaron. Y

otra parte cayó en buena tierra, y nació y llevó fruto a ciento por uno. Hablando estas cosas, decía a gran voz: El que tiene oídos para oír, oiga (Lucas 8:4–8, cfr. Lucas 8:9–15; Mateo 13:3–23; Marcos 4:2–20).

Antes de proceder con el significado de la parábola, hablemos un poco sobre el escenario cultural detrás de la parábola. Craig S. Keener hace una observación importante: «La mayoría de los habitantes del Imperio romano eran campesinos rurales y granjeros o pastores. La elite alfabetizada a menudo pasaba por alto a esta enorme población, pero las ilustraciones de Jesús muestran que Él ministró frecuentemente en medio de esta clase. A pesar de que Galilea estaba ampliamente poblada con aldeas y tenía dos ciudades mayores (Séforis y Tiberias), la mayoría de sus habitantes eran rurales, agricultores y campesinos» (1993, 82). Jesús habló el lenguaje cultural de Su audiencia. Este es un rasgo importante de los líderes. La audiencia de Jesús entendió la agricultura detrás de la parábola, pero puede que nosotros no. Nuestra sociedad está volviéndose menos rural y agrícola en orientación y más urbana y tecnológica.

Mi padre creció en una granja de maíz y algodón en Unionville, Tennessee. Su familia usaba mulas, un poni, y un tractor para el trabajo agrícola. Ellos también hacían una gran cantidad de trabajo a mano (cosechando, por ejemplo). La agricultura es realizada en gran medida por maquinaria hoy día. En tiempos de Jesús, la semilla era echada con la mano, o se regaba mediante los agujeros hechos en un saco (que a menudo era cargado por un animal). A veces la tierra era labrada primero, otras veces no. Por este motivo, los cultivos no crecían en un área claramente definida tal como lo hacen en muchas granjas hoy en día. Había también muchos senderos que atravesaban el panorama entre las casas y las granjas. La tierra en Judea durante el primer siglo tendía a ser de una capa de suelo fino con roca por debajo. Esto me recuerda al suelo de Bedford Country, Tennessee; donde mi padre creció. La granja de la familia estaba llena de enormes rocas calizas. La mayoría de estas rocas estaban cubiertas por una capa vegetal. Como resultado, uno no siempre sabía cuán profundo estaba el suelo. Los abrojos eran un problema común de las granjas en Judea también. Algunos estaban ya cuando la semilla era sembrada (si el campo no estaba despejado y labrado). Incluso si los abrojos eran removidos, es posible que no fueran sacados de raíz, sino que serían cortados sobre la tierra y quemados. Esto permitiría que crecieran las malezas de nuevo y se volvieran una amenaza para las plantas productivas (*cf.* Keener 1993, 82). La cosecha podría oscilar de 10 a 100 veces las semillas plantadas en el fértil Valle del Jordán, pero para la mayor parte de la región de Judea la ganancia media era de diez veces por uno (Keener 1993, 144).

Jesús a menudo contó parábolas sin dar una explicación. Sin embargo, en el caso de la parábola de los terrenos, dio explicación en respuesta a una petición de Sus discípulos. Identificó los cuatro terrenos discutidos en la parábola: «camino», «piedra», «espinos», y «buena» tierra. El terreno del «camino» estaba en el sendero. Cuando se ha caminado lo suficiente sobre una sección de la tierra, puede volverse tan dura como el concreto. Me hizo recordar a cuando estaba haciendo trabajo arqueológico en la antigua ciudad de Cesarea. Era posible darse cuenta cuando la excavación lo llevaba hacia el piso hecho de tierra de una casa antigua. Era mucho más duro que el suelo a su alrededor. Era como cavar a través del concreto. Las semillas no pueden penetrar el suelo endurecido. Del mismo modo, algunos corazones solamente no quieren escuchar.

Otro terreno era el que estaba hecho de «piedra». Este es el suelo que parece fértil, pero hay una capa de roca de unas cuantas pulgadas bajo la superficie (como en algunas partes de la granja de mis abuelos). El resultado es que la tierra no retiene mucha agua, y rápidamente se agota durante la temporada de sequía. También, el suelo llano evita que las raíces caven profundamente la tierra. Por ende, la planta es débil y susceptible a las condiciones extremas del clima. Este suelo sirve para ilustrar a un corazón débil en lo espiritual o a la fe temporal; que, si bien inicia con una explosión, luego desiste cuando vienen los problemas.

Después, Jesús observó el terreno con «espinos». Los espinos crecen alrededor de las buenas plantas, sacan recursos de las plantas jóvenes y las hacen morirse de hambre. Me recuerda a los primeros intentos que mi esposa y yo tuvimos de empezar una huerta. Comenzamos bien, y la huerta progresaba hasta que llegara mi verano de viajes. Era entonces cuando nos atrasábamos en ocuparnos de la huerta, y las malezas tomaban posesión. Esto ilustra al corazón que está abierto a Jesús pero que nunca es capaz de dejar ir este mundo y esta vida. Es consumido por las cosas terrenales, y ellas terminan por ahogar las cosas celestiales.

Finalmente, Jesús reveló la «buena» tierra. Esta tierra produce una maravillosa cosecha. Es suave y profunda, rica en nutrientes, y libre de malas hierbas. Jesús dijo que, espiritual-mente hablando, este es el corazón que es honesto y bueno, se aferra a la palabra, lleva fruto; y no desiste. Usted podría estarse preguntando por qué tomamos el tiempo de ver esta parábola. ¿Por qué no profundizar dentro de las caracterís-ticas del liderazgo de Jesús?

La respuesta a la pregunta arriba se encuentra en esta declaración de Jesús: «Mirad, pues, como oís» (Lucas 8:18). Nunca aprenderemos a liderar de parte de Jesús y como Él, a no ser que nuestros corazones estén bien. Por tanto, necesi-tamos tomar algunas muestras de terreno espiritual.

- Terreno del camino - Los líderes espirituales están dispuestos a aprender. ¿Estoy yo dispuesto?

- Terreno de piedra - Los líderes espirituales tienen una fe robustecida y terminan lo que comienzan. ¿Lo haré yo?
- Terreno entre espinos - Los líderes espirituales ponen las cosas celestiales antes que las cosas terrenales. ¿Lo hago yo?
- Buen terreno - Los líderes espirituales tienen corazones humildes y abiertos que escuchan y aprenden. ¿Lo tengo yo?

No continúe con este libro si usted no tiene un corazón que esté dispuesto a aceptar las enseñanzas y ejemplos de Jesús y ponerlos en práctica. No seamos igual que los discípulos superficiales de Juan 6 que se marcharon. Por otro lado, note que Mateo 13:8 dice que el buen terreno produjo a treinta, a sesenta, y a ciento por uno. Esto significa que en algunos casos la cosecha era cien veces más que la cantidad plantada. Esa es una excelente ganancia para toda inversión que uno puede hacer. Si usted le dijese a una persona que juega en la bolsa de valores que recibirá cien veces más de lo que ha invertido, se precipitaría desenfrenadamente por encontrar a un agente o corredor de bolsa. El texto está diciendo que, si honesta y humildemente nos abrimos para aprender de las palabras de Jesús, Dios puede producir grandes cosas con nuestras vidas.

Conclusión

¿Qué estamos tratando de cumplir en este libro? ¿A qué apuntamos? Cada historia necesita un personaje principal, un barco necesita un capitán y una flecha necesita un blanco. Nuestro ejemplo, capitán, y blanco para este libro es Jesús, el Hijo de Dios. Cada capítulo en este libro comenzará examinando una característica del liderazgo de Cristo y luego desafiará a los cristianos de hoy día para que apliquen las lecciones aprendidas en sus vidas. Utilizaremos la letra «C» como nuestra referencia de memoria a lo largo de este estudio, mientras consideramos nueve características que hicieron a Jesús el líder más grandioso que alguna vez anduvo sobre la faz de la tierra. Él fue alguien centrado, conectado, compasivo, común, claro en pensamiento, competente, valientemente calmado, coach, y una persona de carácter. Hay rasgos adicionales que podrían haber sido incluidos. Oro para que los que yo haya escogido abran su apetito de un continuo estudio y aprendizaje por liderar como el Señor. Jesús es el Hijo de Dios, así que naturalmente hay cosas sobre su liderazgo que nunca podremos emular. No obstante, creo firmemente que, si buscamos aplicar estos nueve principios, podemos tener una influencia sobre otros que impactará la eternidad.

Preguntas de discusión

1. ¿Cuáles son algunos de los ejemplos en el Nuevo Testamento sobre la habilidad que Jesús tenía en términos de liderazgo?
2. ¿Cuál es el mejor libro que usted alguna vez ha leído sobre el tema del liderazgo (aparte de la Biblia)?
3. ¿Podría mencionar algunos de los principios en ese libro que se pueden ver también en la vida de Jesús? De ser así, mencione algunos.
4. Mencione algunos ejemplos en la Biblia sobre los diferentes tipos de terrenos mencionados en la parábola de Jesús.

Tarea

1. Haga una lista de excusas potenciales que podrían evitar que usted complete este estudio.
2. Haga una lista de excusas potenciales que podrían evitar que usted ponga en acción el ejemplo de Jesús.
3. Considere lo que usted hará para asegurarse de que esas excusas no lo detengan.

¿QUÉ ES EL LIDERAZGO ESPIRITUAL?

Introducción

TIENE VEINTE AÑOS DE EDAD. Usted tiene toda su vida por delante, pero no está seguro de cuánto tiempo durará. Su hogar, familia, automóvil, y sueños están a miles de kilómetros de distancia. Hoy, usted está en Afganistán. Es parte de una pequeña patrulla que ha de infiltrarse hacia una aldea diminuta junto a la frontera de Afganistán y Pakistán. La Inteligencia ha reportado la presencia de un Talibán, y la responsabilidad de su patrulla compuesta por ocho personas ha de confirmar o denegar estos datos. Ha estado antes en patrullaje, pero hoy es diferente. Hoy, el líder de la patrulla le ha pedido que usted sea el líder. Es su responsabilidad entrar primero. Debe ver al enemigo antes de que él lo vea. Las vidas de siete soldados detrás de usted están en sus manos. Si fracasa, puede que ellos mueran.

Sus sentidos se están agudizando en lo que se aproxima a las afueras de la aldea. Camina las calles polvorientas con un ojo viendo al suelo, buscando Artefactos Explosivos Improvisados (AEI), y el otro a los tejados y las ventanas, buscando a francotiradores preparados para disparar a su patrulla. Se pregunta si ellos pueden verlo en este mismísimo momento.

Entonces, el silencio es interrumpido por el sonido de los disparos. Las balas vuelan a través del aire y caen con un ruido ensordecedor en la tierra o salpican el ladrillo hecho de adobe de los edificios que rodean la calle. Escucha los gruñidos y gritos de hombres a su alrededor mientras son heridos por balas. Por lo menos un hombre está caído a su izquierda. Otro ha sido herido. Ve a su derecha y se da cuenta que la familia del jefe de la patrulla se quedará sin un padre. Mientras es impactado por el shock de esta realidad, así también lo hace una bala. Esta llega a su pierna y lo deja de rodillas.

Los pensamientos se precipitan a través de su mente. *¿Dónde están? ¿Perderé mi pierna? ¿Moriré? ¿Qué hacemos?* El operador de la radio viene detrás suyo en busca de un consejo. Pese a que usted tiene solo veinte años de edad, es el hombre más experimentado que queda en la patrulla. Los miembros sobrevivientes de la patrulla lo están mirando. Debe liderar. Debe evaluar la situación, diseñar un plan y llevarlo a cabo impecablemente, o ninguno volverá a casa. Es tiempo de levantarse. Es tiempo de liderar. ¡Usted es el líder! (Adaptado de Farrar 1990, 14–16).

Incluso si no está siendo devastado por la guerra en Afganistán, no es fácil ser un líder. Cosas malas ocurren en las familias, negocios, iglesias, y países donde nadie está dispuesto a liderar o donde los líderes que dan un paso al frente no son lo que deberían ser. El objetivo de este libro no solamente es desafiarlo para que usted sea un líder sino desafiarlo para que lidere como el Señor.

La necesidad de líderes

Warren Bennis, el antiguo profesor de la Universidad del Sur de California y autor sobre temas de liderazgo, declara:

Liderazgo es una palabra en los labios de todos. El joven lo ataca, y el mayor envejece melancólico por su causa. Los padres lo han perdido y la policía lo busca. Los expertos lo reclaman y los artistas lo desprecian, mientras los estudiosos lo añoran. Los filósofos lo reconcilian (como autoridad) con libertad y los teólogos demuestran su compatibilidad con la consciencia. Si los burócratas pretenden tenerlo, los políticos desean que hubiese sido así. Todos están de acuerdo en que hay menos liderazgo del que solía haber (Bennis y Nanus 1985, 1).

Comenzamos nuestro estudio del liderazgo de Jesús al luchar con la carencia de líderes capaces. Considere las citas en los siguientes párrafos. Son expertos en cuanto al tema de liderazgo en una variedad de escenarios.

El profesor de la Universidad de Michigan y autor, Noel M. Tichy, destaca la necesidad de liderazgo en el mundo corporativo; pero amplía sus comentarios hacia otras arenas:

El tanque está bajo; no estamos produciendo suficientes líderes en todos los niveles, especialmente en los niveles de CEO (Dirección general). Solo considere las compañías que en la década pasada tuvieron que encontrar candidatos externos para reemplazar a sus encargados de CEO que se marchaban… Este es un terrible historial cuando se considera que quizás la responsabilidad número 1 de un CEO es desarrollar a otros líderes que puedan mantener el legado de la organización. Nuestras tuberías de liderazgo están rotas. Y esto es también verdad en la política, diplomacia, religiones y organizaciones sociales, así como en los negocios (2002, xxii–xxiii).

El director de eBay Thomas Tierney observa la necesidad de liderazgo en los sectores empresariales sin fines de lucro:

El sector sin fin de lucro en los Estados Unidos, ya extenso, se está expandiendo. La mayoría de nosotros contribuye en el sector y nos beneficiamos de él: fortalecemos nuestras comunidades cuando damos tiempo y dinero a organizaciones sin fines de lucro. Sin embargo, pocos de nosotros estamos al tanto de que esas organizaciones enfrentan una crisis insidiosa que podría socavar todas sus buenas obras - una escasez de líderes sin fines de lucro (2006, 95).

Tierney es el cofundador del Grupo Bridgespan. Esta es una organización sin fines de lucro que provee consultoría para filántropos y organizaciones sin fines de lucro. Ya sea con fines de lucro o sin fines de lucro, el mensaje común es que necesitamos más líderes de calidad.

Ahora movámonos a la arena religiosa. George Barna es conocido por su investigación en el mundo cristiano en general. Al resumir sus hallazgos, él declara:

La conclusión central es que la iglesia estadounidense está muriendo debido a una falta de liderazgo fortalecido. En este tiempo de oportunidad sin precedentes y recursos abundantes, la iglesia está perdiendo influencia. La razón primaria es la falta de liderazgo (1997, 18).

J.J. Turner ha sido una de las piezas clave en el área del liderazgo en las iglesias de Cristo por muchos años. Él ha escrito una incontable cantidad de libros y ha conducido seminarios sobre el tema. Él señala que:

La iglesia está en modo de crisis en lo que respecta a líderes y liderazgo, debe haber poca duda; especialmente de aquellos que supervisan el estado de liderazgo o intentan listar a personas para que sirvan en roles de liderazgo. Cada vez hay menos voluntarios que toman responsabilidades o aprovechan para entrenarse en liderazgo. Pocas, o si acaso una que otra iglesia, está produciendo líderes, lo cual es mucho más necesario y desafiante que tan solo entrenar líderes (Turner 2013, 19).

Barna y Turner vieron en el mundo religioso las mismas condiciones que Tichy y Tierney vieron en el sector de los negocios. Cada uno de ellos parece estar de acuerdo con la valoración de Benni que cuando se trata de liderazgo, «hay menos de lo que solía haber» (Bennis y Nanus 1985, 1).

He estado trabajando con iglesias regularmente desde que estaba en la secundaria. He servido como un predicador, ministro de jóvenes, ministro universitario y diácono. He buscado mentores para estudiantes universitarios y de secundaria. He andado con muchas congregaciones a través del proceso de nombrar ancianos y diáconos. He atestiguado el desafío de encontrar hombres dispuestos y capaces para dar un paso hacia estas posiciones. He sentido la lucha de hallar líderes en un salón de clases cuando servía como un diácono de educación. También he sido parte del proceso de buscar líderes en varias posiciones en dos instituciones educativas cristianas. El punto es que mi experiencia personal es consistente con lo que los autores arriba están diciendo. Necesitamos más líderes.

La definición de liderazgo

Si bien a este escritor le parece obvio que necesitamos líderes, pareciera igualmente obvio que necesitamos el tipo correcto de líderes. Ese es el corazón de este libro. No solo queremos líderes, queremos líderes que lideren como el Señor. Antes de que lidiemos con el tipo de líderes que necesitamos ser, necesitamos considerar qué es el liderazgo. El tipo de persona que un empleador busca mientras contrata depende en gran manera del trabajo para lo que un potencial empleado está siendo contratado. ¿Cuál, pues, es el «trabajo» de un líder? ¿Qué es liderazgo?

Definiendo liderazgo

Joseph C. Rost lamenta el hecho de que no hay una sencilla y común definición de liderazgo que sea utilizada por todos (1993, 99). Entonces él, desde luego, propone su propia definición como si fuese «la» definición (notaremos esta definición abajo). Aun cuando su definición es de mucha ayuda, no estoy preparado para decir que sea la única que todos deberíamos utilizar. No presumo tampoco que mi definición de liderazgo debería ser «la» definición de liderazgo. Con todo, la compartiré abajo porque quiero que usted sepa la perspectiva sobre liderazgo de la cual procedo mientras escribo este libro. Veamos algunas de las definiciones que están por ahí:

- «En su forma más básica, liderazgo es influencia» (Ogden y Meyer 2007, 9).
- «El liderazgo -nada más y nada menos- es influencia» (Maxwell 2007, vi).
- «El liderazgo es una relación de influencia entre líderes y seguidores que procuran cambios reales que reflejan sus propósitos mutuos» (Rost 1993, 102).
- «Dicho más fácil, liderazgo es influencia. El líder ideal es alguien cuya vida y carácter motiva a las personas a seguir: … el liderazgo no tiene tanto que ver con el estilo o la técnica como con el carácter» (MacArthur 2004, vi–vii).
- «El liderazgo es el arte y la práctica de ejercitar una influencia sobre la conducta y las creencias de otros. Los líderes forman e influyen a las personas, instituciones, y eventos» (Sloan 2011,8).

- «El liderazgo es un proceso que las personas ordinarias usan cuando dan lo mejor de sí mismas y de otras» (Drucker 1974, 463).
- «Liderazgo es movilizar a otros hacia una meta compartida por el líder y los seguidores» (Garry Wills en Barna 1997, 21).
- «En suma, pues, el liderazgo involucra a una persona, grupo, u organización que muestra el camino en un área de la vida -ya sea a corto o largo plazo- y al hacerlo influye y empodera a suficientes personas para traer cambio en esa área» (Banks y Ledbetter 2004, 16–17).
- «Los líderes son transportadores de personas». (David Shannon, Presidente de la Universidad de Freed-Hardeeman, en un enunciado hecho durante una lección en un taller de liderazgo en Tennessee).

Note algunas cosas que estas definiciones tienen en común. Nótese, en particular, la repetición de «influencia» y sus sinónimos y términos tales como «propósitos mutuos» y «metas». En lo que reflexiona sobre estas definiciones, permítame compartir las mías con usted: «Liderazgo es el acto de guiar o influir en las actitudes y/o acciones de otros hacia una meta o conjunto de metas». Usted no tiene que estar de acuerdo con esta definición, pero al menos sabrá desde qué punto procedo.

Definiendo liderazgo espiritual

Ahora vamos a enfocarnos en un tipo específico de liderazgo: el liderazgo espiritual. El presidente de un seminario, Albert Mohler, declara:

Creo que el liderazgo se trata de poner las creencias apropiadas en acción, y de saber, con base a convicciones, cuáles son esas creencias y acciones. Este libro está escrito con la preocupación de que mucho de lo que sucede hoy día con el liderazgo es mera administración. Sin convicciones usted puede que sea capaz de administrar, pero no puede realmente liderar. (2012, 26).

En otras palabras, el liderazgo no se trata solamente de mover personas hacia algún lugar; es moverlas hacia la dirección correcta basándose en las convicciones apropiadas. Para los líderes espirituales, Molher enfatiza que estas convicciones deben estar basadas en la verdad bíblica.

En *Christian Leadership Essentials* (*Fundamentos del liderazgo cristiano*), editado por David Dockery, el presidente universitario Robert Sloan declara: «Los líderes forman e influyen en las personas, instituciones, y eventos. Los líderes y el liderazgo no son determinados por el número de seguidores, sino por los cambios producidos a lo largo del tiempo para el bien del mundo de Dios» (2011, 8). Me gusta el énfasis que Sloan pone sobre el hecho de que los líderes a menudo traen cambio. También él dice que estos cambios son para «el bien del mundo de Dios». Esto es consistente con lo que mi amigo Aubrey Johnson dice sobre el liderazgo: «Hacer el bien a otros es la marca del verdadero liderazgo y de la grandeza genuina» (Johnson 2014, 2). Los líderes espirituales lideran hacia las metas que son buenas para el mundo de Dios y para la iglesia de Dios. Nuestras metas deberían ser las metas de Dios.

El Dr. Michael S. Wilder fue uno de mis profesores en mi programa doctoral. Él escribió un libro con uno de sus compañeros profesores, el Dr. Timothy Paul Jones, a quien he podido escuchar también en muchas ocasiones. Aquí está su definición de la función del líder cristiano y su propósito:

El líder y seguidor de Cristo -viviendo como un portador de la imagen de Dios en unión con Cristo y su pueblo- desarrolla una comunidad diversa de compañeros trabajadores que están equipados y apoderados para perseguir metas compartidas que cumplen el mandato de la creación y la Gran Comisión en sumisión a la palabra de Dios (Wilder y Jones 2018, 16).

Nótese el énfasis sobre las «metas» que vimos en las definiciones previas. Aprecio muchos aspectos de la definición de Wilder y Jones, pero en particular las ideas de ser un portador de la imagen de Dios, siguiendo a Cristo y sometiéndose a la palabra de Dios.

Greg Ogden y Daniel Meyer ofrecen una perspectiva útil dentro del liderazgo espiritual cuando dicen: «El liderazgo cristiano es la influencia semejante a la de Cristo» (2007, 9). Muchas de las definiciones señaladas arriba enfatizan que el liderazgo se trata de influencia. Ogden y Meyer están enfatizando que los líderes espirituales influyen en otros al estimular y ser ellos mismos influenciados por Jesús. Esto es consistente con el énfasis en la definición por parte de Wilder y Jones. El libro que usted está leyendo está basado en la creencia de que Jesús es quien nos enseña a cómo influir en otros de la manera en que Dios quiere que lo hagamos.

Una de mis definiciones favoritas de liderazgo proviene de uno de mis antiguos profesores universitarios de posgrado, el Dr. Kenneth O. Gangel. El Dr. Gangel define el liderazgo espiritual como «el ejercicio de los dones espirituales que uno posee, bajo el llamado de Dios, para servir a un cierto grupo de personas en lograr las metas que Dios les ha dado con el fin de glorificar a Cristo» (Gangel 1997, 44). Nótese, de nuevo, el énfasis en moverse hacia las metas de Dios. Observe su énfasis sobre el hecho de que cuando los líderes utilizan los dones que provienen de Dios, están en algún sentido respondiendo a un llamado de Dios, y el objetivo es glorificar a Cristo (no al líder). Esto es poderoso.

Con lo de arriba mencionado en mente, aquí está mi definición de liderazgo espiritual en particular: «El liderazgo espiritual describe las acciones de un líder servidor que sigue el ejemplo de Dios y utiliza los dones de Dios para guiar a las personas hacia las metas de Dios para la gloria de Dios». Hay algunas cosas que yo quiero que usted note en mi definición:

- «Acciones» - El liderazgo se trata de hacer algo, no solo de tener poder.
- «Líder-servidor» - Los líderes espirituales lideran para el beneficio de los liderados.
- «Ejemplo de Dios» - Dios nos muestra cómo ser líderes; la integridad es importante.
- «Dones de Dios» - La habilidad de liderazgo proviene de parte de Dios (ya sea dada a través de los medios biológicos, experienciales, o educacionales).
- «Guiar a las personas» - Los líderes son influyentes, «mueven personas» (*cfr.* Shannon).
- «Metas de Dios» - si somos líderes espirituales, la meta debería ser de Dios, no nuestra.
- «Gloria de Dios» - El propósito de la iglesia es glorificar a Dios (Efe.3:21); los líderes en la iglesia deberían buscar lo mismo.

La definición arriba ofrece mi filosofía básica de liderazgo. Resurgirá de vez en cuando a medida que nos movamos a través de este estudio.

Conclusión

Me gusta tallar. Comienzo con un trozo de madera, visualizo la cuchara o cuchillo de mantequilla que podría estar en la madera, y esculpiendo me deshago de lo que no parezca una cuchara o cuchillo. El proceso inicia con un trozo de madera. Mi definición de liderazgo espiritual no tiene que ser su definición, pero puede que sea capaz de servir como un trozo de madera espiritual que usted puede utilizar para visualizar y tallar su propia definición de liderazgo. Recuerde que la definición determina el hacer. La manera en que definamos el liderazgo determinará cómo hacemos el liderazgo.

Preguntas de discusión

1. En su experiencia personal, ¿cree usted que haya problemas de liderazgo en nuestras culturas e iglesias? Comparta algunos ejemplos.
2. ¿Hubo alguna definición de liderazgo en este capítulo con la que más estuvo de acuerdo? ¿Por qué sí o por qué no?
3. ¿Cuál es su definición personal de liderazgo?
4. ¿Cuál es su definición personal de liderazgo espiritual?
5. ¿Cómo cambió, si así lo fue, su definición de liderazgo como resultado de lo visto en este capítulo?

Tarea

1. Entreviste a varios líderes que usted conozca y pregúnteles su definición de liderazgo y/o liderazgo espiritual.
2. Trabaje junto a otros en su congregación u organización para desarrollar una definición común de liderazgo que pueda guiar sus acciones y decisiones.

3

CENTRADO
ÉL ENTENDIÓ SU PROPÓSITO

Introducción

UNA DE MIS historias favoritas se trata un hombre que conducía hacia un pequeño pueblo y notó algo extraño. Había objetivos diminutos en todas partes, usted sabe, la clase de objetivos a los que se apunta con un arma o con un arco y una flecha. Estaban pintados sobre los troncos de los árboles, en los costados de los edificios y sobre las bancas de madera de los parques. Lo interesante era que también había una flecha en el blanco de cada objetivo. Cuando él se acercó a la plaza del pueblo, observó a un hombre caminando por la acera. Su curiosidad le hizo detenerse, bajar la ventana, y hacerle una pregunta al hombre sobre la acera: «¿Quién es el asombroso arquero que tienen en su pueblo?». El hombre tenía un aspecto de curiosidad y respondió: «¿Cuál asombroso arquero?». El conductor luego señaló: «¡Alguien puso una flecha en medio de todos estos objetivos, así que ustedes deben de tener a un arquero asombroso!» Con una risa disimulada, el hombre en la acera respondió: «No tenemos un arquero; tenemos un artista. Él dispara al azar las flechas y luego pinta los objetivos alrededor de ellas» (adaptado de Cohen y Stewart 1994, 219).

Me encanta esa historia porque -al menos para mí- ilustra como muchos de nosotros vivimos nuestras vidas. No nos levantamos cada día apuntando hacia algo. Solo nos mantenemos ocupados todo el día y consideramos que el blanco de nuestro objetivo es donde hayamos quedado. El éxito a veces viene para aquellos con un sentido de propósito y la visión de cómo ese propósito se ve cuando es hecho realidad. Solo hay unas cuantas personas con un sentido de propósito sobre hacia donde van. No andan deambulando sin apuntar a través de la vida. Van a cierto lugar. Apuntan hacia algo. Son arqueros espirituales. Jesús fue una persona así.

Con este capítulo, comenzamos a enfocarnos en las características de Jesús. Comenzamos notando que Él vivió una vida «centrada». Jesús vino a la tierra con un propósito muy claro delante de Él. Muchos entendieron mal Su enfoque, algunos intentaron detener el cumplimiento de Su propósito y otros intentaron cambiarlo. Pese a todos estos obstáculos, Jesús estaba firmemente «centrado» en lo que vino a hacer a la tierra.

El Cristo

Se ha hecho mucho énfasis alrededor de los últimos veinte años sobre llevar «una vida con propósito». Libros tales como *Una vida con propósito*, *Una iglesia con propósito*, y *Ministerio de jóvenes con propósito* han sido muy vendidos. Si alguna vez hubo una vida con propósito, fue la vida de Jesucristo. En su libro, *Visioingeniería*, Andy Stanley declara:

> Una visión *clara*, junto con el coraje de seguir adelante, aumenta dramáticamente tus posibilidades de llegar al final de tu vida, mirar hacia atrás con una profunda satisfacción y pensar: lo hice. Lo logré. Terminé bien. Mi vida sí tenía

valor. Pero si no tienes una visión clara, lo más probable es que llegues al final de tu vida y te preguntes. Qué pudiste hacer-qué debiste hacer (2016, 8–9).

Jesús terminó bien. De hecho, algunas de Sus últimas palabras fueron: «Consumado es» (Juan 19:30, cfr. Juan 17:4). Uno no puede terminar algo si no tiene una meta o algo que cumplir en primer lugar.

Una persona con propósito

Uno comienza a ver desde un principio en los evangelios que Jesús tenía una vocación mayor. Su mismo nombre era un recordatorio de Su propósito. Note lo que el ángel del Señor dijo a José en el evangelio de Mateo: «y dará a luz un hijo, y llamarás su nombre Jesús, porque él salvará a su pueblo de sus pecados» (Mat. 1:21). El nombre de Jesús en Griego era *Iēsoûs*. Esta era la forma griega de Su nombre hebreo: *Yeshua* (i.e., Josué). Su nombre significa «Yahweh salva» (Rogers y Rogers 1998, 2) o «Yahweh es salvación» (Hagner 1993, 19). El ángel dijo que se le daría este nombre porque «él salvará a su pueblo de sus pecados» (Mat. 1:21). Él iba a ser el medio de Dios (Yahweh) para salvar al mundo. Cada vez que alguien decía el nombre de Jesús, estaba proclamando Su propósito. Esto hace que recuerde las palabras de Pedro en Hechos 4: «Y en ningún otro hay salvación; porque no hay otro nombre bajo el cielo, dado a los hombres, en que podamos ser salvos» (Hechos 4:12).

En el evangelio de Lucas hay un poderoso momento registrado que relata cómo Jesús abraza la «vocación mayor» de Su vida. Mientras estaba sentado en el templo de Jerusalén y conversando con los eruditos religiosos, un Jesús de doce años dijo a Sus padres: «¿Por qué me buscabais? ¿No sabíais que en los negocios de Mi Padre me es necesario estar?» (Lucas 2:49). La Nueva Versión del Rey Santiago (New King James Version) traduce el final de este versículo: «alrededor de los negocios de Mi Padre». El texto literalmente dice algo en el sentido de «estar en las *cosas* de mi padre» (eînai en toîs toû patrós mou; estas palabras griegas transliteradas están reorganizadas aquí para que encajen mejor con el flujo de palabras en español). Las palabras «negocio», «casa», y «cosas» no están realmente en el texto. Solo está el artículo («las») con un sustantivo implícito que le sigue. Los traductores deben decidir si «cosas» (o el sustantivo implícito) se refiere al lugar en donde están (i.e. «templo/casa») o las cosas que son importantes para Dios («negocios»).

Independientemente del modo en que uno traduzca esta frase, el punto es el mismo. Jesús estaba abrazando Su propósito. Jesús utilizó la palabra «padre». Su madre justo había dicho: «He aquí, tu padre y yo te hemos buscado con angustia» (Lucas 2:48). María estaba hablando sobre José cuando ella se refirió a «tu padre». En la respuesta de Jesús, Él se estaba refiriendo a un padre diferente, a Su Padre celestial. Jesús entendió que el propósito de Su vida venía de arriba y de Su Padre. Él sabía que estaba en la tierra para enfocarse en las cosas de Dios. Más de dieciocho años después, Jesús aún seguía siendo fiel a su misión. En Juan 6:38 Él declara: «Porque he descendido del cielo, no para hacer mi voluntad, sino la voluntad del que me envió». La vida de Jesús fue una vida con propósito. Cuando abordamos un avión o un crucero, nos cercioramos de que el piloto sepa hacia dónde va y cómo llegará allá. La gente siguió a Jesús porque Él era «centrado». Él sabía hacia dónde iba y cómo iba a llegar allá.

Una persona con prioridades

Jesús hizo un número de declaraciones en los evangelios concernientes a por qué había venido. Usted puede tomarse un momento para leer las declaraciones que aluden a la expresión «Yo he venido» en el evangelio de Juan. Por ejemplo: Juan 5:43; 6:38; 7:28; 10:10; 12:27, 46; 18:37. Todas Sus declaraciones cayeron bajo el escudo del propósito de llevar a cabo los negocios de Su Padre. Me gustaría enfocarme en tres metas o prioridades que Jesús enfocó dentro de Su misión general: «Presentar a Dios», «Proclamar el reino de Dios», y «Proveer salvación en la cruz».

Presentar a Dios

En Juan 5, Jesús declaró: «Yo he venido en nombre de mi Padre, y no me recibís; si otro viniere en su propio nombre, a ése recibiréis» (Juan 5:43). Él vino a la tierra como el representante de Su Padre. Esto no solamente incluía cumplir la misión del Padre sino también mostrar a la humanidad la naturaleza del Padre. Las palabras de Juan 1:18 plasman esta realidad: «A Dios nadie le vio jamás; el unigénito Hijo, que está en el seno del Padre, él le ha dado a conocer». Jesús podía hacer esto porque «Él es la imagen del Dios invisible» (Col.1:15) «y la imagen misma de su sustancia» (Heb.1:3). A través de Sus milagros podemos ver el poder de Dios. A través de Su amor vemos la gracia de Dios. Es por ello que Jesús pudo decir a Felipe, el apóstol: «El que me ha visto a mí, ha visto al Padre» (Juan 14:9).

Proclamar el Reino

Jesús vino a mostrarnos al Padre. Él también vino a predicar. Lucas 4 nos da una imagen de Jesús, el carpintero local, volviendo de su sinagoga o congregación natal durante un sábado. Le pidieron que fuese uno de los lectores de las escrituras ese día. Se le entregó el rollo del libro de Isaías. Jesús abrió lo que sería Isaías 61 en nuestras Biblias y leyó:

> El Espíritu del Señor está sobre mí, por cuanto me ha ungido para dar buenas nuevas a los pobres; me ha enviado a sanar

a los quebrantados de corazón; a pregonar libertad a los cautivos,

Y vista a los ciegos; a poner en libertad a los oprimidos; a predicar el año agradable del Señor (Lucas 4:18–19).

Este pasaje de Isaías era comúnmente tenido en cuenta por los judíos del primer siglo como una referencia del Mesías. Tras leer el pasaje mesiánico, Jesús dijo: «Hoy se ha cumplido esta Escritura delante de vosotros» (Lucas 4:21). Ese fue uno de los momentos más impresionantes de Jesús. Él estaba declarándose como el Mesías. También declaró que predicar era parte de Su misión.

Lucas 7 trata sobre Juan el bautizador en la prisión. Esto no es a donde Juan probablemente había visto que su ministerio lo llevaría. Pareciera que quería asegurarse de que había liderado a la gente hacia el Mesías correcto. Envió a sus discípulos a que le preguntasen a Jesús: «¿Eres tú el que había de venir, o esperaremos a otro?» (Lucas 7:20). Jesús no respondió inmediatamente a su pregunta. Por el contrario, comenzó a realizar milagros en presencia de ellos y luego declaró: «Id, haced saber a Juan lo que habéis visto y oído: los ciegos ven, los cojos andan, los leprosos son limpiados, los sordos oyen, los muertos son resucitados, y a los pobres es anunciado el evangelio» (Lucas 7:22). Note que Jesús hizo referencia a elementos de la cita de Isaías 61 que había leído en la sinagoga en el capítulo 4. Su comprobación de que era el Mesías fue hacer lo que se suponía que el Mesías iba a hacer. Esto incluía predicar las buenas nuevas.

Proveer salvación en la cruz

Pedro resumió el plan que el Padre había destinado a la vida terrenal y muerte de Jesús: «El Dios de nuestros padres levantó a Jesús, a quien vosotros matasteis colgándole en un madero. A éste, Dios ha exaltado con su diestra por Príncipe y

Salvador, para dar a Israel arrepentimiento y perdón de pecados» (Hechos 5:30–31). ¿Notó las palabras «Príncipe y Salvador»? Este es un libro sobre el liderazgo de Él. Sin embargo,
necesitamos recordar que Su liderazgo incluyó morir en una
cruz. Jesús vino a fin de que «verá toda carne la salvación de
Dios» (Lucas 3:6). Jesús lo puso en las siguientes palabras:
«Porque el Hijo del Hombre vino a buscar y a salvar lo que se
había perdido» (Lucas 19:10; cfr. Lucas 5:31–32). Un simple
recorrido a través del evangelio de Marcos revela que Jesús
estaba en una misión (cfr. Marcos 8:31–33; 9:31–32; 10:32–
34). Su vida entera apuntó a Jerusalén y a la cruz. Jesús no
estaba aquí en la tierra solamente para disfrutar el paisaje.
Estaba aquí con un propósito. Vino a morir para proveer
salvación a toda la humanidad. Cuando Pedro reprendió a
Jesús por estar hablando sobre morir (¿Se imagina eso?), Jesús
le respondió: «¡Quítate de delante de mí, Satanás!» (Marcos
8:33). Esto es casi exactamente lo mismo que Jesús le dijo al
propio Satanás en Mateo 4:10. En ese momento, Pedro estaba
haciendo las ofertas de Satanás. Jesús no dejaría que nadie lo
desviara de llevar a cabo Su propósito, ni siquiera Sus seguidores y amigos más cercanos.

Priorizando Sus metas

Jesús llevó a cabo la voluntad del Padre a través de las tres
metas citadas arriba. Estas tres metas no tenían un igual valor.
Por ejemplo, Jesús mostró al Padre y que Él venía del Padre
mediante los milagros. Un ejemplo de esto puede verse en
Lucas 4:31–41. Jesús pasó un sábado en Capernaúm enseñando, sanando y expulsando demonios. Al día siguiente Jesús
fue a un lugar desierto para estar a solas con Dios. Las multitudes vinieron a buscarle. Probablemente querían más sani-
dades o que más demonios fuesen expulsados. Habría, quizá,
muchas otras más personas que necesitaban ser sanadas. La
respuesta de Jesús es perspicaz: «Es necesario que también en

otras ciudades anuncie el evangelio del reino de Dios; porque para esto he sido enviado» (Lucas 4:43). Si bien Jesús quería ayudar a tantas personas como fuera posible en cuanto a sus necesidades físicas, Él sabía que era más importante ayudarlas con sus necesidades espirituales. Si se quedaba a sanar gente en Capernaúm, entonces habría personas en otras aldeas que no escucharían el mensaje de salvación. Jesús prioriza proclamar el reino encima de rescatar a la gente del dolor y la pobreza. A fin de cuentas, para Jesús la prioridad suprema era proveer salvación en la cruz. ¿Cuándo dejó de predicar Jesús? Él se detuvo cuando lo enjuiciaron (cfr. Marcos 14:61). El hombre que había confundido a incontables oponentes con Su sabiduría y enseñanza, quien además pudo haber fungido como Su propio abogado de defensa, escogió, en su mayor parte, permanecer callado durante Su juicio. ¿Por qué? Porque su misión no era ganar en la corte sino morir en una cruz y ganar sobre el pecado.

El cristiano

Jesús dejó para nosotros un patrón que practicar. Los líderes cristianos también necesitan un sentido de propósito. El autor David Fisher señala que los predicadores están volviéndose una especie en peligro de extinción porque les falta un sentido de identidad. Son muchas las cosas que se esperan de ellos, las mismas con las que luchan para reducir su enfoque y responder a la pregunta: «¿Quién soy yo?» (1996, 24). Los predicadores no son los únicos que luchan por encontrar su verdadero propósito. Puede ocurrirle a cualquier cristiano y a cualquier líder cristiano. Fracasamos a menudo porque no tenemos un sentido de identidad. Fisher declara: «Dios quiere que nosotros sepamos que nuestros rasgos primarios provienen de él. Nuestra identidad es encontrada en su Hijo, quien nos llama a su servicio (...) Nuestro sentido de propósito y éxito debe venir de nuestra identidad como siervos de Cristo»

(1996, 28). Si somos verdaderos siervos de Cristo, enfocarnos en el propósito de Jesús nos ayudará a encontrar nuestro propósito.

Un pueblo a propósito

Volvamos a mi definición de liderazgo espiritual: «El liderzgo espiritual describe las acciones de un líder servidor que sigue el ejemplo de Dios y utiliza los dones de Dios *para guiar a la gente hacia las metas de Dios* para la gloria de Dios». Los líderes espirituales no deberían solo retener una posición; ellos deberían estar llevando a la gente hacia algún lugar. Deberían estar guiando o influyendo en las personas para moverlas en la dirección que Dios quiere que se muevan. ¿Cuáles son las metas de Dios? El propósito y las metas de Jesús pueden ayudarnos a responder esa pregunta. Jesús ayudó a la gente a conocer a Dios, le dijo a la gente las buenas nuevas del reino, e hizo camino para que la gente fuese salva. Puesto que la iglesia es el cuerpo de Cristo (Efe. 1:22-23), ¿no debería ser la misión de la iglesia continuar la obra de Jesús? Entiendo que solo Jesús puede morir por los pecados de la gente, pero la iglesia puede y debe continuar la obra de Jesús de buscar y salvar a los perdidos (cfr. Lucas 19: 10). Los líderes necesitan mantenerse enfocados en el propósito de la iglesia cuando toman decisiones y cuando lideran al pueblo de Dios.

Un propósito personal
(Declaración de misión individual y congregacional)

Soy un gran creyente en las declaraciones de misión. Esta creencia fue influida por la obra monumental de Stephen R. Covey, *Los siete hábitos de la gente altamente efectiva*. El hábito número dos, para Covey, era «Empiece con un fin en mente». Covey declara, «empezar con un fin en mente significa comenzar con una clara comprensión de su destino» (1989,

98). Él añade que este principio: «está *basado en el principio de que todas las cosas son creadas dos veces*» (1989, 99). La primera creación está en la mente, y la segunda creación está en el mundo físico. La visión en nuestras cabezas se volverán realidades creadas por nuestras manos.

Covey anima a los lectores a desarrollar un enunciado de misión. Seguí su consejo muchos años atrás, me ha servido mucho. He servido en dos universidades que tenían un enunciado claro de misión. Ayudé a diseñar un enunciado de misión para el programa del ministerio juvenil y familiar en una de estas universidades. He trabajado con el liderazgo para elaborar un enunciado de misión y una lista de metas para dos congregaciones diferentes. Aquí están algunos enunciados de misiones variadas que pueden ayudarle a pensar sobre qué podría hacer usted.

- Mi enunciado de misión personal: «La meta de mi vida es modelar y proclamar las buenas nuevas de Jesucristo a mi familia, a mi congregación local, y a la iglesia del Señor en general, a mi comunidad, a mi país y al mundo, de tal forma que motivará a que se conviertan a Cristo, a que lleguen a la madurez siendo semejantes a Cristo y al ministerio como una parte activa del cuerpo de Cristo».

- El enunciado de misión de la iglesia de Cristo en Graymere: «Conocerlo, compartirlo, y vivir con Él en el cielo. Anhelamos conocer más profundamente a Dios, compartir su amor y salvación con el mundo, y morar en su presencia por la eternidad. Nuestra misión está plasmada en cuatro palabras:

  - Magnificar – buscamos alabar a Dios en espíritu y en verdad (Juan 4:24).
  - Ministrar – Cada uno de nosotros busca un lugar para ministrar en su reino (Efe. 4:13).
  - Madurar – Buscamos crecer diariamente en semejanza a Cristo (Efe. 4:13).

- Misión – Buscamos, como su cuerpo, hacer que la misión de Cristo sea nuestra misión (Efe. 1:22-23; Lucas 4:18-19).
- Presentar el amor de Dios
- Proclamar el reino de Dios
- Proveer salvación a los perdidos
- La palabra de Dios es la luz que nos guía mientras nos empeñamos en realizar su misión».

- El enunciado de misión de la Universidad Cristiana de Heritage: «La Universidad Cristiana de Heritage existe para el avance de las iglesias de Cristo al entrenar siervos a través de programas de pregrado y programas de licenciatura y educación continua. HCU produce comunicadores efectivos, predicadores, maestros y misioneros para el ministerio práctico con un enfoque en el evangelismo y en un compromiso a la escritura».

- El enunciado de misión del programa juvenil y familiar en la Universidad de Freed-Hardeman: «La licenciatura en ministerio juvenil y familiar está diseñada para proveer un empuje con base a cursos que los capacitará para el rol de un ministro juvenil en la iglesia con énfasis en entrenarlos para enseñar la palabra de Dios a los adolescentes y a los padres que ayudan en criar a sus hijos para aceptar Cristo, madurar a la semejanza a Cristo, y ministrar en el nombre de Cristo».

Animo a cada individuo, congregación y programa, para que desarrolle un enunciado de misión. Para las congregaciones y los programas, esto necesita ser cumplido de manera colaborativa.

En su libro *Herramientas para la administración del ministerio juvenil*, Mike Work y Ginny Olson hablan sobre desarrollar un enunciado de visión y uno de misión para los programas de ministerio juvenil. Enfatizan tener primero una visión: «Una visión es una imagen o un futuro preferido, uno que usted busca crear. Debería ser solo un par de oraciones y debería ser descriptivo y retador» (2014, 28). Entonces retan a los líderes a que articulen su visión: «La misión debería ser articulada en una o dos claras declaraciones motivacionales que fluyen de la visión y describen por qué existen como un ministerio» (2014, 29). Puede que uno argumente que la misión debería venir primero y luego la visión, no obstante hay valor en ambas. La misión debe articular por qué usted existe, y su visión describe cómo la misión se ve cuando es llevada a la realidad. El enunciado de misión debería ser lo suficientemente breve para que la gente lo recuerde y lo comprenda, pero lo suficientemente amplio, de tal modo que abarque todo lo que usted haga como parte de una congregación o un programa. Encuentro de mucha ayuda tener una lista de metas que desarrollen la misión.

Una prioridad personal (descripciones de trabajo)

Jesús tuvo prioridades en Su ministerio (ver arriba). Él también ayudó a los apóstoles en tanto que aclaraba sus prioridades mientras los entrenaba. En Hechos 6, los apóstoles fueron confrontados con el problema de que las viudas griegas no estaban siendo bien cuidadas en Jerusalén. Sentían que este era un problema que necesitaba ser atendido y se aseguraron de que hubiera hombres señalados para hacerlo. Es interesante que no lo hicieron ellos mismos porque Jesús les había dado una clara descripción de trabajo: «Y nosotros persistiremos en la oración y en el ministerio de la palabra». Jesús había dado a los apóstoles la responsabilidad de servir como testigos de Su vida, muerte, y resurrección (cfr. Hechos 1:8). De haberse dedicado a la alimentación de las viudas, habrían hecho una buena obra, pero muchas otras personas habrían muerto sin conocer cómo llegar al cielo. La claridad en la descripción de nuestro trabajo es importante para el éxito.

Líderes, es importante que ustedes tengan claras las

descripciones de trabajo para sus empleados, trabajadores, y voluntarios. Si usted es un empleado, trabajador, o voluntario, haga lo que esté en sus manos para obtener una descripción de trabajo en las áreas donde usted labora. Muchas iglesias y organizaciones religiosas no tienen claras descripciones de trabajo. Periódicamente sirvo como evaluador de un equipo visitante por parte de nuestra agencia académica de acreditación (Asociación para la Educación Bíblica Superior). Me enfoco en el consejo y la administración de la institución educativa que estamos evaluando. Una de mis responsabilidades es asegurarse de que haya claras, y escritas, redacciones de trabajo para los administradores, especialmente para el presidente. No todas las universidades tienen esto. Solo una de cinco congregaciones con las que trabajé localmente tenían una descripción de trabajo para mi posición, y era literalmente a mano escrita. Tecleé para dárselo a la persona que me seguía en esa congregación. Cada anciano, diácono, maestro de clase bíblica, ministro juvenil, predicador, etc., debería recibir una descripción de trabajo.

A los estudiantes que entreno les pido que busquen una descripción de trabajo de las iglesias que los entrevistan. Si la iglesia no tiene una, entonces aliento a los estudiantes a que les pidan a los ancianos y/o comité de búsqueda, que repasen verbalmente sobre lo que esperan de la persona que ocupa esa posición. Aliento a estudiantes para que anoten lo que otros están diciendo y que hagan preguntas esclarecedoras, en caso de que sea necesario. Luego aliento a los estudiantes a que lean la lista al grupo para determinar si lo que oyeron es lo que pretende el grupo. Esto es también un tiempo oportuno para discutir si bien las demandas para la posición son razonables. Una vez que este proceso sea completado, entonces usted tendrá la copia escrita de una descripción de trabajo en la que todos estén de acuerdo.

Marlene Wilson, en su libro *Descripciones de Trabajo para Voluntarios y Planes de Acción*, hace un par de observaciones interesantes. Ella declara: «Hasta que puedas explicar lo que se supone que haga un voluntario, la mayoría de voluntarios potenciales no estarán de acuerdo en venir a bordo y darte una mano. Ni *deberían* -porque usted no está listo para ponerlos a trabajar haciendo algo significativo» (2004, *Descripciones de Trabajo*, 40). Ella luego añade: «Reclutar voluntarios antes de que usted diseñe trabajos es como intentar bailar antes de que la música comience. Claro, usted puede comenzar a bailar, pero no hay una buena oportunidad de que usted terminará el paso una vez la música comience» (2004, *Descripciones de Trabajo*, 41). (Discutiremos más las descripciones de trabajo en una lección posterior).

Es importante promover ambos, los enunciados de misiones y las descripciones de trabajo. El antiguo profesor Flavil R. Yeakley, Jr. estaba en lo correcto cuando dijo: «En cualquier institución la primera responsabilidad del oficial y jefe administrativo es mantener el enfoque de la organización en su misión central» (2014, 30). Y un arquero no puede dar a un objetivo que no sea puesto delante de él. Si una congregación se propone vivir de acuerdo a una misión, necesitan saber cuál es la misión. Una vez que establecimos un enunciado de misión en la iglesia de Cristo Graymere en Columbia, Tennessee, daba una lección casi al principio de cada año que se trataba de nuestra misión y nuestros objetivos. De igual manera es importante que los miembros y trabajadores tengan un entendimiento general de las responsabilidades de trabajo. Esto no significa que compartiremos todo en una descripción de trabajo. Solo significa que necesita haber claridad entre los participantes relevantes sobre el área en que cada persona es responsable. Cuando todos conocen cuál es su trabajo y el trabajo de los demás, puede haber unidad y el trabajo es realizado.

Conclusión

Jesús dijo: «Y les decía una parábola: ¿Acaso puede un ciego guiar a otro ciego? ¿No caerán ambos en el hoyo? El discípulo no es superior a su maestro; mas todo el que fuere perfeccionado, será como su maestro» (Lucas 6:39–40). El hermano Bob Turner destaca seis beneficios de tener un sentido de visión en su libro *Esencial:*

1. La visión informa la toma de decisiones.
2. La visión promueve mayor unidad.
3. La visión impulsa el arranque.
4. La visión motiva a las acciones de la vida y al liderazgo.
5. La visión crea sentido.
6. La visión nos desafía para hacer algo grandioso (2020, 68–73).

El propósito de una brújula es ayudar a los viajeros a que recuerden en qué dirección está el norte. Si una persona conoce cuál es la dirección del norte, entonces él o ella también sabe dónde están el este, el oeste, y el sur. Si sabemos cuál es la dirección correcta, entonces nos capacita en una mejor manera para reconocer las direcciones equivocadas. También, nos ayuda a diferenciar entre lo muy bueno y lo mejor. No siempre las malas acciones son las que nos evitan que hagamos lo más importante. A menudo estamos tan ocupados haciendo «buenas» cosas que no tenemos el tiempo para las cosas que son «mejores». ¿Cuál es nuestro verdadero «norte»? ¿A qué estamos apuntando? Si no sabemos la respuesta a estas preguntas, puede que dirijamos a una iglesia entera hacia un hoyo.

Preguntas de discusión

1. ¿Su congregación tiene un enunciado de misión de manera escrita? Si no, ¿por qué no?
2. Si su congregación ha escrito un enunciado, ¿ya se está promoviendo en la congregación?
3. ¿Su congregación provee descripciones de trabajo a los empleados y voluntarios? Si no, ¿por qué no?

Tarea

1. Me gustaría desafiar a cada persona que está leyendo este libro a que tome algo de tiempo esta semana y que haga una lista de metas para su vida. Enumere sus metas personales, familiares, y profesionales. ¿Cuáles son sus metas de liderazgo o ministeriales? Compare esas metas con las metas de la vida de Cristo. ¿Se contradicen las unas con las otras? ¿Cómo encajan las actividades de su vida diaria con sus metas? ¿Se necesitan cambios?
2. Luego, cree un enunciado de misión personal que encaje con sus metas.

4

CONECTADO
ÉL TUVO UNA RELACIÓN PERSONAL CON DIOS

Introducción

EN SU LIBRO *Spiritual Discipline for the Christian Life* (*Disciplinas espirituales para la vida cristiana*), Donald S. Whitney declara que el receptor de radio más grande del mundo, conocido como VLA., se encuentra en Nuevo México. Es en realidad un racimo de veintisiete telescopios masivos trabajando al unísono para reunir ondas radiales de millones de años luz de distancia. Él señala que «[en comparación con este receptor] la energía total de todas las ondas radiales alguna vez registradas apenas semejaban a la fuerza de un copo de nieve que cae sobre el suelo» (Whitney 1991, 65). Los seres humanos gastan incontables cantidades de dinero para sondear los rincones más profundos del espacio y, sin embargo, desperdician oportunidades diarias para comunicarse con el Dios que hizo todas las cosas.

Tuve el privilegio de sentarme a los pies de Thomas H. Holland en muchas ocasiones mientras era un estudiante universitario de la Biblia. En su libro *Sermon Design and Delivery* (*Diseño y entrega del sermón*), él revela cinco criterios por los cuales un ministro puede cerciorarse de que su sermón está preparado. El número cuatro en esa lista es el siguiente:

Los sermones están preparados cuando el predicador ha orado fervientemente sobre el sermón (Hechos 6:4). Si los apóstoles pensaron que la oración era importante en conexión con el ministerio de la palabra, los predicadores del evangelio hoy día deberían considerarse a sí mismos extremadamente descarados si se rehúsan a suplicar por la ayuda de Dios (Holland 2000, 18–19).

También fui privilegiado en tener una clase bajo la dirección de Billy Smith cuando era un estudiante de postgrado en la Universidad de Freed-Hardeman. Uno de nuestros libros de texto era Between Two Worlds (*La predicación: Puente entre dos mundos*) por John R. W. Stott. Stott enfatizó que los predicadores deben orar por sus mensajes antes de exponerlos. Él declara:

Es de rodillas ante el Señor que podemos hacer del mensaje algo nuestro, poseer o re-poseerlo hasta que el sermón nos posea a nosotros. Luego, cuando lo predicamos, no vendrá de nuestras notas, ni de nuestra memoria, sino de las profundidades de nuestra convicción personal, como una expresión auténtica de nuestro corazón (Stott 1982, 257).

Jesús, el mayor predicador y líder, entendió el valor de la oración también.

El Cristo

El liderazgo espiritual ha de fluir a partir de una relación con Dios. La verdad es que un líder espiritual no debería estar delante del pueblo de Dios sino hasta que se haya puesto de rodillas ante su Dios. Jesús entendía esto bien. Es interesante que no tenemos un registro de Jesús enseñándole a Sus discípulos directamente a cómo enseñar o predicar (la palabra clave en esa oración es «directamente»). Pero sí tenemos un registro de él enseñándoles a cómo orar (Lucas 11:1–4). Ponemos demasiado énfasis sobre los estilos y las técnicas de liderazgo que, me temo, perdemos el factor clave del liderazgo espiritual: Un corazón en contacto íntimo y comunión con Dios. Jesús tuvo tal corazón. Esta lección se enfoca en el contacto que Jesús tuvo con Dios a través de la oración.

Era personal

Algo imposible para meros seres humanos es comprender la relación íntima que existe entre el Hijo y el Padre. Uno siente esta relación personal en la oración que Jesús hizo la noche que fue traicionado:

> Mas no ruego solamente por éstos, sino también por los que han de creer en mí por la palabra de ellos, para que *todos sean uno; como tú, oh Padre, en mí, y yo en ti*, que también ellos sean uno en nosotros; para que el mundo crea que tú me enviaste. La gloria que me diste, yo les he dado, *para que sean uno, así como nosotros somos uno.* Yo en ellos, y tú en mí, para que sean perfectos en unidad, para que el mundo conozca que tú me enviaste, y que los has amado a ellos como *también a mí me has amado.* Padre, aquellos que me has dado, quiero que donde yo estoy, también ellos estén conmigo, para que vean mi gloria que me has dado; *porque me has amado desde antes de la fundación del mundo.* Padre justo, el mundo no te ha conocido, pero *yo te he conocido*, y éstos han conocido que tú me enviaste. Y les he dado a conocer tu nombre, y lo daré a conocer aún, *para que el amor con que me has amado, esté en ellos*, y yo en ellos (Juan 17:20–26, énfasis añadido).

Algunos describen a Mateo 6:9–13 como «la oración del Señor» Sería mejor titular a esa oración como «la oración modelo» o «la oración de los discípulos». Uno de mis antiguos profesores, el Dr. Dowell Flatt, solía decir que Juan 17 es la «verdadera» oración del Señor. Este pasaje muestra al salvador derramando su corazón al Padre, entretanto se prepara para cumplir su propósito en la tierra y enfrentarse con la crueldad de una cruz romana. Esta oración es la segunda oración más larga registrada en la Biblia (siguiendo a la oración de Salomón durante la dedicación del templo). Esta oración nos recuerda la relación íntima y personal entre el Padre y el Hijo. El liderazgo de Jesús fluyó a partir de tal relación.

Jesús, sin duda, añoró la restauración completa de su relación con el Padre en el cielo. Casi se puede oír la añoranza en la voz de Jesús cuando dijo: «y yo voy a ti» (Juan 8:23). Cuando Jesús dejó este mundo, fue a casa. Él dijo a los líderes religiosos: «vosotros sois de abajo, yo soy de arriba; vosotros sois de este mundo, yo no soy de este mundo» (Juan 8:23). ¿Qué hace usted cuando está lejos de su familia y sus amigos? Asumo que usted hace llamadas telefónicas, o envía mensajes de texto, correos electrónicos u otro tipo de mensajes electrónicos para mantenerse en contacto. Jesús hizo la misma cosa a través de la oración.

Era un patrón

Imagine la increíble responsabilidad de salvar al mundo. Esta es la carga que Jesús llevó consigo diariamente. En adición a esta responsabilidad y las presiones normales y frustraciones de la predicación y el liderazgo, Jesús también luchó con la falta de privacidad. La gente rebosaba para verlo donde sea que fuese. Hubo ocasiones en las cuales no pudo siquiera comer por causa de la multitud de personas (cfr. Marcos 6:31). Sus enemigos constantemente lo acosaban, buscando una oportunidad de atraparlo (cfr. Lucas 5:12–39). Su ministerio terrenal estuvo lleno de largos días y noches de desvelo. ¿Cómo manejaremos nosotros tal presión y fatiga?

Jesús lo hizo hablando con el Padre de manera regular. Considere el siguiente ejemplo en Marcos 1:32–38:

> Cuando llegó la noche, luego que el sol se puso, le trajeron todos los que tenían enfermedades, y a los endemoniados; y toda la ciudad se agolpó a la puerta. Y sanó a muchos que estaban enfermos de diversas enfermedades, y echó fuera muchos demonios; y no dejaba hablar a los demonios, porque le conocían. Levantándose muy de mañana, siendo aún muy oscuro, *salió y se fue a un lugar desierto, y allí oraba.* Y le buscó Simón, y los que con él estaban; y hallándole, le dijeron: Todos te buscan. Él les dijo: Vamos a los lugares vecinos, para que predique también allí; porque para esto he venido. (énfasis añadido).

Una de las razones por la que Jesús fue capaz de cumplir Su misión en la tierra fue porque se mantuvo en constante contacto con el Padre. (cfr. Marcos 1:35 arriba). Otro ejemplo de esto es Lucas 5:15-16: «Pero su fama se extendía más y más; *y se reunía mucha gente para oírle,* y para que les sanase de sus enfermedades. *Mas él se apartaba a lugares desiertos, y oraba»* (énfasis añadido). Los evangelios dejan claro que, mediante el patrón de la oración, Jesús fue capaz de lidiar con el estrés de salvar al mundo.

Él oró en momentos cruciales

La vida de oración de Jesús puede verse regularmente en los momentos cruciales y dolorosos de Su vida. El evangelio de Lucas ha sido referido a menudo como «el evangelio de la oración». Nos dice más sobre la vida de oración de Jesús que en ningún otro evangelio. Considere los siguientes ejemplos concernientes a la vida de oración de Jesús:

- Él oró en Su bautismo (Lucas 3:21).
- Él oró antes de escoger a los doce (Lucas 6:12–13: «pasó la noche orando a Dios»).
- Él estaba orando antes de preguntar: «¿Quién dice la gente que soy yo?» (Lucas 9:18).
- Él estaba orando durante la transfiguración (Lucas 9:28–29).
- Él estaba orando cuando los discípulos le preguntaron que les enseñase a orar (Lucas 11:1).
- Él oró en el jardín (Lucas 22:42).
- Él oró en la cruz (Lucas 23:34).

Si uno desea hacer un estudio más profundo en la vida de oración de Jesús, tendrá que leer las diez oraciones registradas de Jesús que pueden hallarse en el Nuevo Testamento:

1. La oración modelo—Mateo 6:9–13; Lucas 11:2–4 (las diferencias muestran que la exactitud en el uso de los términos no era lo fundamental; la actitud y las ideas son la clave).
2. La oración de alabanza—Mat. 11:25–26; Lucas 10:21.
3. La oración de Lázaro—Juan 11:41–42.
4. La oración de glorificación—Juan 12:28 (Dios responde).
5. La oración del Señor—Juan 17.
6. La oración de Pedro—Lucas 22:32 (no da las expresiones sino el tema en cuestión).
7. La oración del Jardín—Lucas 22:42, 44; Marcos 14:36; Mat. 26:39, 42; Heb.5:7. Tres de siete frases fueron dirigidas a Dios:
8. La oración del perdón—Lucas 23:34.

9. La oración del abandono—Mateo 27:46; Marcos 15:34.
10. La oración del Padre—Lucas 23:46.

Cuando se consideran las oraciones y la vida de oración de Jesús, la declaración en la cruz resulta ser la más desgarradora: «Dios mío, Dios mío, ¿por qué me has desamparado?» (Mat. 27:46). Esta declaración es una cita de Salmos 22:1, el cual es un salmo de confianza en Dios. Esta cita también nos recuerda el gran horror de la cruz no está en los azotes, los clavos, o la corona de espinas. Está en el hecho de que Cristo, quien atesoraba su relación con el Padre, fue separado del Padre por primera vez en toda la eternidad. Esto ocurrió porque él llevaba el peso de mis pecados. Cuando uno contempla la cruz consigue un pequeño vistazo de cómo es realmente el infierno: ¡separación de Dios…silencio desde arriba!

El cristiano

«Por tanto, mirad por vosotros, y por todo el rebaño en que el Espíritu Santo os ha puesto por obispos, para apacentar la iglesia del Señor, la cual él ganó por su propia sangre» (Hechos 20:28). Esas palabras deberían causar escalofríos por las espaldas de todo anciano en la iglesia del Señor. ¡Los ancianos están en una posición sancionada por el Espíritu de Dios para liderar gente comprada mediante la sangre de Dios! El liderazgo espiritual es un asunto serio. Esto no solo es verdad para los ancianos; es verdad para todas las posiciones de liderazgo en la iglesia. Recuerde que Efesios 4:11 nos enseña que las posiciones de liderazgo son regalos de Cristo. Esta es una tremenda responsabilidad. Phillips Brooks, el célebre ministro episcopal del siglo 19 y autor del villancico «Oh Little Town of Bethlehem» (*Oh pequeño pueblo de Belén*) correctamente declaró: «No oren por vidas fáciles. ¡Oren de modo que sean hombres fuertes! No oren por tareas iguales a sus poderes. ¡Oren por poderes iguales a sus tareas!» (1950, 352). Es solo por el poder de Dios que podemos lograr la tarea que nos ha sido dada.

Jesús no solamente modeló la oración, sino que nos enseñó a orar (Lucas 11:1–4). También nos llamó a ser gente de oración. En Lucas 21:36 Jesús dijo a los apóstoles: «velad, pues, en todo tiempo orando que seáis tenidos por dignos de escapar de todas estas cosas que vendrán, y de estar en pie delante del Hijo del Hombre». Whitney subraya varios pasajes que aclaran cuánto Jesús espera que nosotros oremos (Mat. 6:5—9; Lucas 11:9; 18:1). Cuando declara:

> Supongamos que Jesús se te aparece de manera personal, tanto como se le apareció al apóstol Juan en la Isla de Patmos en Apocalipsis 1, y te dijese que esperaba que oraras. ¿Acaso no te volverías más fiel en tu oración, sabiendo específicamente que Jesús esperaba eso de ti? Bueno, las palabras de Jesús que fueron citadas arriba [en los dos pasajes] son su voluntad para ti como si dijese tu nombre y te los dijera cara a cara (Whitney, 1991, 67).

Jesús quería que Sus discípulos siguieran Su ejemplo (Cfr. Juan 13:15). Esto también era cierto del ejemplo que dejó en la oración.

Oro para que esta lección nos desafíe a examinarnos en nuestras vidas de oración. Necesitamos comenzar considerando nuestros hábitos congregacionales de oración. Pienso en los siete y años medio que pasé trabajando con la iglesia de Cristo Graymere en Columbia, Tennessee. Los ancianos y predicadores se reunían una vez al mes para un tiempo especial de oración (por supuesto orábamos en otras ocasiones también). Hablábamos sobre quién había dejado de adorar y de participar, quién había sido bautizado o restaurado, quién se había casado o tenido hijos, quién había tenido enfermedades o cirugías, quién estaba luchando con un problema, quién había perdido a un ser querido, y más. Luego dividimos los nombres de cada una de estas personas entre nosotros y oramos por ellos. Era algo especial oír a hombres piadosos levantar los nombres de sus hermanos y sus hermanas hacia el trono de Dios. Pienso en los servicios congregacionales que se especializaban en la oración y que a menudo involucran a nuestros líderes orando por nuestras necesidades congregacionales. También pienso en las congregaciones con las que he trabajado y que oraban en año nuevo. El 31 de diciembre establecíamos un tiempo de oración y lo dejábamos que fluyera hacia el 1 de enero. Pedíamos a la gente que se anotara para participar en períodos de oración. Hemos hecho esto en la Universidad Cristiana de Heritage también. Es poderoso saber que la gente está orando por la congregación o la universidad mientras amanece el año nuevo. Nuestros hábitos congregacionales de oración envían mensajes sobre cómo vemos el rol de nuestro Padre celestial y su poder en lo que hacemos.

De igual manera necesitamos considerar nuestros hábitos personales de oración y preguntarnos a nosotros mismos algunas duras preguntas. ¿Cuánto tiempo necesitamos pasar en oración en el día promedio? ¿Oramos antes de enseñar la palabra de Dios o de abordar alguna tarea para el Señor? ¿Oramos en los momentos cruciales de nuestras vidas? ¿Oramos antes de tomar decisiones importantes? ¿Cuál ha sido la vez que más tiempo hemos orado? ¿Oramos por nosotros mismos y por cosas materiales, u, oramos para que el Señor nos ayude a ser mejores líderes servidores para él? El punto es que un vistazo a Jesús siempre debería hacer que nos veamos a nosotros mismos.

El ministerio de Jesús y la enseñanza creció a partir de Su relación con Dios. Cada uno de nosotros tiene la oportunidad de estar en la presencia de Dios en el mundo. No podemos revelar a un Dios al cual no conocemos. Para estar en Su presencia, necesitamos regularmente ir a Su presencia a través de la oración. ¡No podemos hablar de un Dios con el cual no hemos hablado! Los líderes deben ser personas de oración.

Conclusión

J.D. Walters es un amigo mío de Hatley, Mississippi. Una vez me contó la historia de que entró al cuarto de su hermano Coy y lo escuchó orar. J.D. dijo que él se detuvo en la puerta y pensó dentro de sí mismo: «Desearía poder orar como Coy». Esto mismo parece haber sucedido cuando los apóstoles vieron a Jesús orar en Lucas 11:1–4. Espero que esta lección nos inspire a querer orar como Jesús. Jesús no oró porque se le mandó a que lo hiciese. Él oró porque amaba a aquel con quien estaba hablando y añoraba su compañía y fuerza. Si el Mesías necesitaba la oración, ¿no deberíamos nosotros, siendo meros mortales, aprovechar el tremendo honor de comunicarnos con el Creador del universo?

Preguntas de discusión

1. ¿Ha pasado alguna vez en oración y ayuno? Si no, ¿por qué no? ¿podría esto ayudarnos en nuestro enfoque y para corregir nuestros corazones al considerar toda decisión importante?

2. ¿Se reúnen los ancianos, diáconos, y, o, predicadores en su congregación para orar periódicamente? Si no, ¿por qué no? Y en caso de hacerlo, ¿sobre qué tipo de cosas oran?

3. ¿Cuán a menudo se reúne su congregación para dedicarse a tiempos especiales de oración (aparte de las oraciones normales al principio y al final de los servicios de adoración)? ¿Qué dice esto a los

miembros sobre cuán importante es la oración para el liderazgo?

Tarea

1. Lea las diez oraciones registradas de Jesús que están listadas en este capítulo.
2. Cite tres cosas que usted aprendió sobre las oraciones de Jesús.

5

COMPASIVO

ÉL SE PREOCUPABA POR LOS QUE DIRIGÍA

Introducción

RECUERDO BIEN UNA clase del doctorado en la cual el profesor nos pidió hablar sobre los maestros que habían impactado nuestras vidas. Hablé sobre el Dr. Rodney Cloud. Unos cuantos años antes había tomado una clase de postgrado en Hebreo bajo la dirección del Dr. Cloud. Fue mi primera clase en Hebreo, y estaba preocupado por comenzar el semestre con tres horas de retraso. El Dr. Cloud me invitó a su casa. Me preparó un sándwich de tomate y mantequilla de maní (¡que de hecho, son bastante sabrosos!), me asesoró personalmente sobre la información que no había entendido, e incluso me hizo un casete de estudio (los jóvenes lectores necesitarán hacer una búsqueda en Google para buscar lo que significa «casete»). Cuando completé la clase, decidí que el siguiente semestre tomaría una clase de lectura en hebreo. No sabía todavía la suficiente gramática para hacer mucha traducción en realidad, de modo que el hermano Cloud se reunió conmigo en tres ocasiones durante las vacaciones de Navidad para guiarme. Pienso, además, en otro maestro; el Dr. Dennis Loyd y su esposa Shirley, quienes me permitieron quedarme en su casa por una semana mientras tomaba otro curso de postgrado. Siempre estaré endeudado con estos hombres y sus familias. Para ellos, enseñar no se trataba de un sueldo; era una pasión. Con mucho gusto escucharé sus enseñanzas sobre todo tipo de tema el tiempo que sea necesario, porque sé que verdaderamente les preocupa.

La Compañía de The Gospel Advocate publicó un libro sobre la vida y el trabajo del predicador titulado Man of God (Hombre de Dios). Jeffrey Dillinger fue autor del capítulo que trata del ministro como «El Hombre de compasión». Él hace la declaración siguiente: «El hombre de Dios falto de compasión priva a la humanidad del corazón del cristianismo» (1996, 101). La compasión está en el corazón del cristianismo, está en el corazón del liderazgo y está en el corazón del ministerio de Jesús.

El Cristo

Descubrí a Kouzes y Posner mientras completaba mi doctorado. Me encontré con que su libro monumental: The Leadership Challenge (El desafío del liderazgo), es uno de los libros más excelentes del liderazgo que alguna vez había leído. Sus hallazgos se basaron en una sólida investigación, pero lo que más me llamó la atención fue cuán consistentes eran sus hallazgos con lo que veía en las escrituras. John C. Maxwell pidió utilizar sus hallazgos en uno de sus talleres y esa colaboración encabezó un libro de seguimiento: *Reflecciones cristianas sobre el desafío del liderazgo* (el cual mi amigo Mark Blackwelder trajo a mi atención). En esta secuela ellos afirman: «El liderazgo es una relación» y continúan ilustrando esto en el ministerio de Jesús.

> Si Jesús no hubiese sido capaz de atraer seguidores, puede que el cristianismo nunca se hubiera difundido. Y no fue solo el mensaje que atrajo a los seguidores; fue el hombre y su

habilidad de participar con otros. Esto puede que parezca un punto obvio, pero es crítico cuando hablamos del liderazgo, porque el resultado de liderazgo es el resultado de la relación (2004, 119).

Con eso en mente, enfoquémonos en la interacción y compasión de Jesús por las personas.

Personal

Henry y Richard Blackaby estaban en lo correcto cuando declararon: «¡el liderazgo fundamentalmente se trata de las personas! No meramente de presupuestos o visiones o estrategias. Se trata de las personas» (Blackaby and Blackaby 2011, 39). Jesús tomó el liderazgo de manera personal. Sabía que el liderazgo se trataba de relaciones. Dios es el soberano gobernante del universo, no obstante, Él busca relaciones con aquellos a quienes lidera. Dios, el Hijo, «fue hecho carne, y habitó entre nosotros» (Juan 1:14). Al hacerlo, Jesús nos ayudó a conocer a Dios más íntimamente (cfr. Juan 1:18; 14:6-7). Una de las declaraciones más hermosas del deseo de Dios por la intimidad se encuentra en la oración de Jesús en Juan 17:

> Padre, aquellos que me has dado, quiero que donde yo estoy, también ellos estén conmigo, para que vean mi gloria que me has dado; porque me has amado desde antes de la fundación del mundo. Padre justo, el mundo no te ha conocido, pero yo te he conocido, y estos han conocido que tú me enviaste. Y les he dado a conocer tu nombre, y lo daré a conocer aún, para que el amor con que me has amado, esté en ellos, y yo en ellos. (17:24–26).

El toque y el deseo personal de Jesús por la cercanía pueden ser vistos en muchos lugares de los evangelios.

El texto de Mateo cuenta de cinco veces en que Jesús

«tocó» a alguien personalmente: a un leproso, a la suegra de Pedro que estaba enferma con fiebre, a dos hombres ciegos (dos veces) y a tres apóstoles cuando estaban aterrados por la voz de Dios (Mat. 8:3, 15; 9:29; 17:7; 20:34). Jesús también tomó «de la mano» a la hija de Jairo cuando la resucitó (Mat.9:25). La mayoría de estos encuentros implican sanar a alguien. Jesús no necesitaba siquiera estar presente, mucho menos tocar a alguien para poder sanarlos (cfr. Lucas 7:1–10; 17:11–19). Jesús probablemente los tocó porque Él valoraba las relaciones. El tacto habría sido algo especialmente importante para un leproso (Mat. 8:3). Nadie, aparte de otros leprosos, tocaban a un leproso. El milagro curó al leproso por fuera. El tacto lo sanó por dentro. Jesús comía en los hogares de las personas (Lucas 10:38) y se subía a sus botes de pesca (Lucas 5:3). Puede que usted esté familiarizado con la historia de cuando Jesús utilizó a un pequeño niño como una ilustración para uno de sus sermones. Marcos 9:36 nos cuenta que Él tomó al niño «en sus brazos». Marcos 10 registra la poderosa historia de unas madres trayendo a sus hijos a Jesús para que fuesen bendecidos y a los discípulos intentando detenerlos. No solo Jesús dijo: «dejad a los niños venir a mí». Sino que Él también «tomándolos en los brazos, poniendo las manos sobre ellos, los bendecía» (cfr. Marcos 10:14–16). Imagine a una madre contándole a su niño años más tarde: «¡una vez el Mesías te sostuvo!» A Jesús le importaba la gente, y Él hizo lo que estaba a su alcance (incluyendo dejar el cielo) para construir relaciones con la gente. No puedo hacer nada más que pensar en las palabras de Jesús en Juan 10: «Yo soy el buen pastor; y conozco mis ovejas, y las mías me conocen» (10:14).

Propósito

Un capítulo anterior en este libro consideró el pasaje de Lucas 4:18–19:

El Espíritu del Señor está sobre mí, Por cuanto me ha ungido para dar buenas nuevas a los pobres; Me ha enviado a sanar a los quebrantados de corazón; A pregonar libertad a los cautivos, Y vista a los ciegos; A poner en libertad a los oprimidos; A predicar el año agradable del Señor.

Este pasaje nos da el tema del evangelio de Lucas y la temprana estadía de Cristo. Como notamos antes, Cristo vino a predicar y proveer salvación. También vino a ministrar a los pobres, cautivos, ciegos, y oprimidos. Dios se vistió a sí mismo con vestiduras de carne humana y vino para vivir entre Su creación (cfr. Juan 1:14). Jesús le dijo a Felipe: «El que me ha visto a mí, ha visto al Padre; ¿cómo, pues, dices tú: Muéstranos el Padre?» (Juan 14:9). Cristo no solo vino a la gente para contarles sobre el Padre, sino que vino para mostrarles al Padre y mostrarles que el Padre los amaba. Jesús oró así la noche antes de su muerte:

La gloria que me diste, yo les he dado, para que sean uno, así como nosotros somos uno. Yo en ellos, y tú en mí, para que sean perfectos en unidad, *para que el mundo conozca que tú me enviaste, y que los has amado a ellos como también a mí me has amado.* (Juan 17:22–23; énfasis añadido).

Cuando Jesús tocó a los pobres, cautivos, ciegos, y oprimidos, la humanidad fue capaz de ver que a Dios le importaba. Jesús mostró que el amor de Dios incluye a aquellos individuos que son rechazados por el mundo. Dios verdaderamente «amó al mundo» (Juan 3:16). Habiendo contemplado a Cristo, los seres humanos ahora son capaces de hacer un eco de las palabras de Job, «De oídas te había oído; Mas ahora mis ojos te ven» (Job 42:5).

El mayor rasgo del carácter de Jesús fue el amor (cfr. Efesios 5:2). Él vio al joven rico y «lo amó». (Marcos 10:21). Él amó a María, Martha, y Lázaro (Juan 11:35–36). Él amó a

Sus discípulos (Juan 13:1). Su amor por todos los que encontró es visto en las diez referencias en los evangelios sobre Jesús al tener compasión. Jesús también cuenta dos parábolas que destacan la compasión de Dios: el siervo despiadado (Mt.18:23–27) y el hijo pródigo (Lucas 15:11–20). Tener compasión (Griego *splanchnídzomai*) significa «tener piedad, sentir simpatía» (Danker 2000, 938). El léxico de Thayer resalta la raíz de la palabra cuando dice que significa «propiamente, ser movido como a las propias entrañas, por lo tanto, ser movido con compasión, tener compasión, (porque se pensaba que las entrañas eran el asiento del amor y la piedad)» (Thayer 1889, 584). Así, vemos que Cristo fue tocado en lo profundo por las heridas y necesidades de los demás. Nuestra siguiente sección se enfocará en algunos ejemplos específicos de la compasión de Cristo. Antes de avanzar, hagamos hincapié en que mostrar amor y compasión fueron parte del propósito de Cristo en la tierra.

Práctica

Dillinger nos recuerda que la compasión es más que solo un sentimiento profundamente arraigado a causa de las heridas de otros: «La compasión es la acción hacia los hombres, mientras que la piedad y la simpatía son sentimientos. La compasión se extiende más allá de la emoción e intenta eliminar o aliviar el dilema» (1996, 101). Lawrence O. Richards y Gary J. Bredfeldt añaden «Hay muchas maneras en las que el amor puede ser expresado. Pero el amor *real* debe ser expresado» (1998, 232). El punto es que la compasión y el amor son palabras de acción. Me recuerda las palabras de Juan en 1 Juan 3:18: «Hijitos míos, no amemos de palabra ni de lengua, sino de hecho y en verdad». Cristo puso Su amor en acción. Eso es la compasión. Consideremos algunos ejemplos del amor de Cristo en acción:

- Mat. 9:35–36 (Enseñanza alrededor de Galilea; cfr. Marcos 6:34).
- Mat. 14:14–15 (Alimentación de los 5000).
- Mat. 15:32 (Alimentación de los 4000; cfr. Marcos 8:2).
- Mat. 20:33–34 (Hombres ciegos en Jericó).
- Marcos 1:41–42 (Un leproso).
- Marcos 5:19–20 (El Gadareno endemoniado).
- Lucas 7:13–15 (Resurrección del hijo de la viuda de Naín).

La profundidad de la compasión de Cristo puede ser vista en Su entrada triunfal a Jerusalén. Fisher comparte algunos pensamientos bellos cuando describe a Jesús cabalgando, bajando la colina y mirando la ciudad que lo mataría:

Lucas nos dice que cuando Jesús descendió la colina hacia la ciudad, la miró y comenzó a llorar y sollozar. «Si también tú conocieses, a lo menos en este tu día, lo que es para ti paz…» (Lucas 19:42). Él pudo haber bajado esa colina, lleno de resentimiento e ira por una cultura que suprimió la palabra de Dios, que se opuso y mató a los profetas de Dios, y que lo mataría en una semana. En lugar de ello, Él entró a la ciudad con un corazón roto. La iglesia de Cristo y sus líderes pastorales necesitan seguir el ejemplo de Jesús cuesta debajo de la colina a nuestra dirección (1996, 41).

El poeta Lord Byron escribió lo siguiente en un poema llamado *La lágrima*:

«De dulce caridad los resplandores, / Iluminan el alma del mortal, / Y como gota de agua entre las flores, / es de la compasión en los dolores, / El rocío una lágrima leal» (1882, 11).

Byron estaba diciendo que el rocío de la compasión es una lágrima. La visita de Cristo a Jerusalén muestra no solamente a un salvador que derramó el rocío de la compasión, sino también a un salvador que lloró tales lágrimas por la mismísima gente que tomaría Su vida. No puedo hacer otra cosa más que asombrarme de tal amor.

El registro bíblico cuenta sobre multitudes de personas que venían a encontrarse con Jesús (veintisiete veces en Mateo solamente; cfr. Mat. 4:25; 5:1; 8:1; 9:8, 33, 36, etc.) ¿Por qué esta gente se tomó tanto tiempo para oír al pobre carpintero que no tenía entrenamiento rabínico y era de una ciudad con mala reputación? Hay muchas respuestas que podrían darse, pero pienso que una razón fue que Él era alguien compasivo. Note lo siguiente:

> Y recorrió Jesús toda Galilea, enseñando en las sinagogas de ellos, y predicando el evangelio del reino, y sanando toda enfermedad y toda dolencia en el pueblo. *Y se difundió su fama por toda Siria*; y le trajeron todos los que tenían dolencias, los afligidos por diversas enfermedades y tormentos, los endemoniados, lunáticos y paralíticos; y los sanó. *Y le siguió mucha gente* de Galilea, de Decápolis, de Jerusalén, de Judea y del otro lado del Jordán (Mat. 4:23–25, énfasis añadido).

Mucha gente escuchó las buenas nuevas porque Jesús sanaba. Vinieron porque Él se preocupaba.

El cristiano

Ahora es tiempo de aplicar este capítulo a nosotros mismos como líderes cristianos. El magnate del automóvil, Henry Ford, una vez dijo: «Puedes tomar mis fábricas y quemar mis edificios, pero dame mi personal y de nuevo mi negocio funcionará perfectamente» (citado en Maxwell 1995, 12). Si su casa se incendiara y pudiera elegir sacar a su familia o su computadora y el iPhone, ¿cuál elegiría? Si tuviera que escoger entre salvar el edificio en el que su congregación se reúne o la gente que adora en el edificio, ¿cuál escogería? Asumo que usted escogería a su familia y a las personas. De ser así, ¿por qué invertimos tanto tiempo en los edificios y la tecnología, y tan poco tiempo en las personas?

Seamos personales

Debemos hacer que el liderazgo sea personal. Los líderes piadosos valoran las relaciones. Maxwell observaba que: «la gente está interesada en la persona que se interesa en ellas» (2004, 88). ¿Estamos genuinamente interesados en las personas, o utilizamos a las personas como un medio para un fin? Este es un desafío para aquellos que hacen recaudación de fondos. Yo prefiero el término «recaudación de amigos» más que recaudación de fondos. Tuve una conversación de texto con nuestro Consejo Administrativo mientras escribía este libro. Supe de una familia que había hecho una donación muy grande a la Universidad Cristiana de Heritage quince años antes de que yo viniese a trabajar con la universidad. La donación fue la segunda mayor donación que una familia nos ha dado desde que se fundó la universidad. Solicité información sobre los miembros de la familia para dar las gracias. Y durante la conversación, Pat Moon, nuestro vicepresidente ejecutivo superior de administración, habló sobre cuán importantes son las relaciones con los donantes. Aquí estuvo mi respuesta:

> Tienes mucha razón sobre la importancia de las relaciones. Pienso que solo amamos a las personas y dejamos que Dios provea el crecimiento. Tenemos que atesorar la relación incluso si nunca nos dan un centavo (o si necesitan dejar de dar). Si ellos saben que genuinamente nos preocupamos, entonces lo que nos importe a nosotros les importará a ellos.

Esa declaración es, en resumidas cuentas, mi filosofía de recaudación de fondos. También es mi filosofía de liderazgo.

Los líderes deben invertir en las relaciones. No se trata de sentarse en un salón y tomar decisiones que impactan las vidas de otras personas. Necesitamos salir de nuestra sala de juntas e ir a las salas de estar de las personas. Necesitamos salir de nuestras oficinas e ir a los cuartos de hospitales, asilos, y funerarias. Frecuentemente he dicho a los predicadores que he entrenado que nos ganamos el derecho de ser oídos el domingo cuando amamos la vida de las personas de lunes a sábado. La gente aguanta muchos sermones mal pronunciados (aunque no uno con falsa doctrina) si saben que verdaderamente nos preocupamos por ellos. El primer verano que trabajé en la Universidad Cristiana de Heritage, conocí personalmente a todos nuestros empleados para tratar y llegar a conocerlos. Hay aprehensiones naturales en cualquier momento que se tiene un cambio en el liderazgo, especialmente cuando las personas no conocen al nuevo líder. Me aseguré de que estas reuniones no fueran en mi oficina para que la gente no tuviera miedo de que estaban a punto de perder sus trabajos. Les llamamos a las reuniones «Galletas, Café y Conversación» en un intento de aliviar las preocupaciones. Aún sigue siendo un trabajo en progreso, pero sí quiero conocer mejor a nuestra gente, y ruego para que en el tiempo todos podamos volvernos amigos.

Visitar a la gente que sufre siempre fue importante para mí cuando servía como predicador o ministro de jóvenes en una congregación. Ahora que no sirvo más en esos roles, estoy agradecido cuando el tiempo y la oportunidad me permiten visitar a miembros de las congregaciones con las que trabajé en el pasado. Cuando aparezco en el hospital o en la funeraria, ellos pueden ver que verdaderamente me preocupo por ellos. Entienden que no visito a los miembros porque es un trabajo. Los visito porque son mis amigos y mis hermanos y hermanas en Cristo.

Necesitamos invertir en realmente conocer a la gente con la que trabajamos. Las grandes cantidades de personas puede que nos prevengan conocer a todos con una intimidad igual, pero debemos conocer a aquellos con los que trabajamos más cercanamente y hacer nuestro mejor esfuerzo en desarrollar relaciones con tantos otros como sea posible. Maxwell hace una lista de seis cosas que pueden ayudarnos a mostrar a las personas que ellas nos importan:

1. Muestre un interés genuino en los demás.
2. Sonría.
3. Recuerde que el nombre de una persona es a sus oídos el sonido más dulce e importante.
4. Sea un buen oyente, aliente a los demás a hablar de sí mismos.
5. Hable en términos de los intereses de la otra persona.
6. Haga que la otra persona se sienta importante, y hágalo con sinceridad. (2004, 90–94).

Un par de años atrás mis hijas me compraron una versión editada de la miniserie Band of Brothers (Banda de Hermanos) de HBO (editado sin lenguaje indecente y desnudez). La serie incluía entrevistas con miembros reales de la Compañía Easy de la 101ª [División] Aerotransportada. Recuerdo una declaración hecha por el Primer Teniente Lynn «Buck» Compton en su entrevista: «un buen líder ha de entender a las personas que están debajo de él, entender sus necesidades, sus deseos, o cómo piensan un poco». Los líderes espirituales necesitan conocer a las personas alrededor de ellos. El pasar un tiempo juntos y escuchar son dos de las mejores maneras de hacer eso.

Siendo personales en una pandemia

LA PANDEMIA DEL COVID-19 ha hecho más difícil construir y mantener las relaciones. Hay muchas cosas que estamos aprendiendo en esta pandemia. Estamos aprendiendo sobre quién está comprometido con Cristo y quién no. Estamos aprendiendo sobre quién se preocupa por los demás y quién se preocupa por sí mismo. Tal como el fuego prueba la pureza de los metales preciosos, igual la adversidad prueba la verdadera fe y el verdadero amor. Estamos aprendiendo el valor de las relaciones. Nuestros estudiantes en HCU estaban muy emocionados de volver al campus en el otoño del 2020. Fue muy duro para todos cuando tuvieron que volver a casa a mitad de marzo de ese año por causa del COVID-19. Establecimos una serie de restricciones para que pudieran regresar. Durante nuestra primera ocasión del año en la capilla, le pregunté al presidente de nuestro cuerpo estudiantil en ese tiempo, Kaleb Baker, cómo le estaba yendo a los estudiantes con las regulaciones. Él dijo lo siguiente: «Si ustedes quisieran que incluso vistiésemos un traje de protección química por completo, los vestiríamos. Estamos contentos de estar aquí». Las relaciones importan.

Muchas iglesias encontraron una desconexión con una larga porción de su membresía durante la crisis. Puede que haya muchas razones del porqué de esto. Los desconectados pudieron ser miembros que no estaban verdaderamente comprometidos en primer lugar (cfr. 1 Cor. 11:19). También pudiera ser que no sintieran que habían perdido nada. Quizá sentían que no se invertía en ellos o que no eran importantes para la congregación o el liderazgo antes de la pandemia, de tal forma que cuando las iglesias comenzaron a tener reuniones virtuales en lugar de reuniones físicas, no sentían que habían perdido nada. Mucha gente asiste a los servicios de adoración semana tras semana y se sienten solos e ignorados a pesar de que se encuentran en una multitud de personas.

Otro problema podría ser que el liderazgo no invirtió en continuar la relación por nuevos medios durante la pandemia. Los líderes deben estar dispuestos a adaptarse. Solo porque no podamos conectarnos en las maneras que sean normales para nosotros no significa que tengamos una excusa para no conectarnos. He oído historias de personas sentándose en sillas afuera de las ventanas de las personas y de los asilos, letreros siendo expuestos en el patio de alguien, amigos y líderes de la iglesia reuniéndose afuera de una ventana para orar, y desfiles automovilísticos para mostrar amor. Cuando fue posible, algunos entregaron comida a las personas. Otros enviaron tarjetas, hicieron llamadas, enviaron textos, enviaron correos electrónicos, y tuvieron conversaciones por Zoom y Facetime. Muchos de nuestros líderes en la congregación con los que mi familia se congrega, se quedaron en contacto con nosotros a través de diferentes medios durante nuestro tiempo de separación. La tecnología provee muchas oportunidades para conectarse. Esta tecnología fue utilizada por muchos para producir lecciones en línea. El chiste común ha sido de que cada predicador ahora es un televangelista. Hay múltiples aplicaciones y plataformas de acceso digital que permiten que los individuos se mantengan en comunicación unos con otros cuando la interacción cara a cara no es posible. Solo necesitamos tomarnos el tiempo de aprender y utilizarlas. Todo lo que usted tiene que hacer es ir a YouTube o hacer una búsqueda simple de Google, y puede encontrar todo tipo de forma para comunicarse con las personas y entrenarse en cómo hacerlo. Aubrey Johnson hizo su trabajo de doctorado en el área de liderazgo en la iglesia. En uno de sus libros, *Pastores exitosos*, Johnson hace un comentario de mucha ayuda para aprender a utilizar la tecnología:

Si usted no es un experto en la tecnología, la buena noticia es que alguien está deseoso y dispuesto a asistirlo si usted pide ayuda. Qué manera tan maravillosa de conectar con la gente joven de la iglesia. Deje que ellos lo tutelen en la tecnología mientras usted los tutela espiritualmente. Ambas partes salen ganando. Esta es la iglesia intergeneracional en su mejor punto (Johnson 2019, Kindle location 1528).

La ignorancia no es una excusa. Los líderes piadosos valoran a las personas e invertirán cualquier cantidad de tiempo que sea necesario para conectarse con ellas y aprender maneras alternativas de conectarse cuando algo sucede o interfiere con los medios normales de comunicación.

Practiquemos la compasión

Considere las palabras de Pedro a continuación:

Finalmente, sed todos de un mismo sentir, compasivos, amándoos fraternalmente, misericordiosos, amigables; no devolviendo mal por mal, ni maldición por maldición, sino por el contrario, bendiciendo, sabiendo que fuisteis llamados para que heredaseis bendición (1 Pedro 3:8–9).

El corazón de lo que significa ser un líder puede hallarse en las famosas palabras de Theodore Roosevelt: «a las personas no les importa cuánto sabes, hasta que saben cuánto te importan» (citado en Meeks 2017, 147). ¿Las personas que dirigimos saben que ellos nos importan? ¿Las personas en nuestras congregaciones saben que ellos nos importan?

Las personas siguen a personas en las que confían. Las personas tienden a confiar en los líderes que creen que realmente se preocupan por ellos. Simon Sinek, en su libro *Los líderes comen de último*, habla sobre este concepto:

Los líderes son quienes están dispuestos a cuidar a aquellos a la izquierda suya y a aquellos a la derecha suya. A menudo están dispuestos a sacrificar su propia comodidad por la nuestra, incluso cuando están en desacuerdo con nosotros. La confianza no es simplemente un asunto de opiniones compartidas. La confianza es una reacción biológica a la creencia de que alguien tiene nuestro bienestar en el corazón. Los líderes son quienes están dispuestos a renunciar a algo suyo por nosotros. Su tiempo, su energía, su dinero, tal vez incluso la comida de su plato. Cuando importa, los líderes escogen comer últimos. (2017, 82–83)

A menudo noto quién va de primero en las comidas compartidas de la iglesia. Hago lo más que puedo para estar seguro de comer casi al final de la fila (pese a que a veces como de primero cuando soy el orador después de la comida). Es en las cosas mundanas de la vida, como una comida compartida y congregacional, que mostramos si somos egoístas o siervos. La compasión se trata de poner a otros antes que a nosotros mismos. Es sobre notar sus necesidades y hacer algo para calmar su dolor. Maxwell estaba en lo correcto cuando declaró: «Uno de los mejores remedios para nuestro propio sufrimiento es servir a los demás. El liderazgo servidor se vuelve una solución para ambos, quien sirve y quien es servido» (2007, 1198).

Sinek enfatiza que los líderes «solo se convierten en líderes cuando aceptan la responsabilidad de proteger a quienes están bajo su cuidado» (2017, 83). A los ancianos, por ejemplo, se les pide que pastoreen el pueblo de Dios, el rebaño de Dios (cfr. Hechos 20:28). Esto incluye protegerlos de lobos espirituales (cfr. Hechos 20:28). Los líderes también protegen a quienes los siguen de los lobos físicos y emocionales y, a veces, a unos de otros. Los miembros de nuestras congregaciones necesitan saber que estaremos ahí para ellos cuando están hambrientos, dolidos, y desconsolados. Las personas en nuestras comunidades necesitan saber que nos preocupamos por su dolor. *La compasión podría describirse como un dolor por el dolor de los demás, el cual fluye desde el amor y fluye hacia la acción.* En otras palabras, la compasión es una palabra de acción. No solamente la sentimos; la mostramos, la realizamos. La mostramos a nuestros compañeros cristianos cuando visitamos el asilo de ancianos y la funeraria, cuando aparecemos en la sala de emergencias después de que uno de nuestros prójimos sufrió un accidente, cuando aparecemos tarde en la noche para animar a una pareja cuyo matrimonio está a punto de romperse, y cuando damos el paso de ayudar a los miembros financieramente mientras atraviesan la pérdida de sus trabajos. La mostramos a nuestras comunidades cuando nos detenemos a arreglar una llanta de alguien a quien jamás hemos conocido, cuando somos voluntarios en nuestros programas de ayuda para los que no tienen hogar, cuando llevamos comida a los hambrientos, o cuando ayudamos a alguien a promover justicia y equidad para aquellas comunidades que viven cada día con intolerancia, antipatía, y racismo. ¿Cuántas personas evitan acercarse a los edificios de las iglesias por todo este país porque piensan que alguien adentro no se preocupa por ellos? Pero si invertimos en ellos, los amamos, entonces cosas asombrosas pueden suceder. En su libro Relationships 101 (*Relaciones 101*), Maxwell declara:

> Una vez que usted entiende a las personas y cree en ellas, realmente pueden llegar a ser alguien. No lleva mucho esfuerzo ayudar a otros a sentirse importantes. Cosas pequeñas, hechas deliberadamente en el momento apropiado, pueden hacer una gran diferencia (2003, 17).

Conclusión

Hay una pieza de papel enmarcada en mi oficina que dice: «Quiero ser un recogedor de basura». Cuando estaba en la escuela secundaria, votábamos en algo a lo que le llamábamos: «superlativos del último año». Esta era una «entrega de premios» para la clase de último año y se enfocaba en cosas como, el más atlético, el más amigable, el que más probablemente tendría éxito, etc. También teníamos una cena de espaguetis al final del año en la cual celebrábamos nuestros años juntos. Esto, usualmente, incluía burlarse de aquellos que ganaban premios (para asegurarse de que no nos volviésemos engreídos). En este punto, debo mencionar también otra costumbre que teníamos en la secundaria. Secretamente pegábamos letreros en la espalda de los demás. Estos letreros puede que dijeran algo como: «Necesito una pareja para la fiesta de graduación» o «Patéame». En la noche de nuestra cena, me obligaron a llevar un letrero que tengo ahora enmarcado en mi oficina: «Quiero ser un recogedor de basura». Para mis amigos, eso era lo opuesto al éxito. Guardé ese letrero por dos razones: (1) para nunca ver de menos a una persona que se gana la vida honestamente, y (2) porque creo que Jesús fue un recogedor de basura.

Los recolectores de la basura toman lo que otras personas no quieren. Eso es lo que Jesús hizo. Piense en los incontables leprosos, ciegos, cojos, sordos, mudos, endemoniados, samaritanos, mujeres, y niños que encontraron a Cristo. Ellos eran los que no eran valorados y eran subestimados en la sociedad en la cual vivían, pero fueron atesorados por Jesús. Él no los recolectó simplemente para transportarlos a un tipo de vertedero espiritual, fuera de la vista y de la mente. Él los recogió y los presentó a Su Padre. Las personas vinieron a oír a Jesús hablar, en parte, porque sabían que Él los amaba. Comencé esta lección contando sobre los maestros que han impactado mi vida. Si alguien hiciese la pregunta: «¿qué maestro hizo un impacto en tu vida?» en Capernaúm, Nazareth, o Jerusalén dos mil años atrás, bien podría haber un leproso, una mujer endemoniada, o un pequeño niño al cual le gustaba comer pan y pescado que habría contado una historia sobre un carpintero de Galilea. ¿Habrá alguien que responderá a esa misma pregunta con su nombre o el mío? Si queremos que el mundo venga a Cristo, debemos tener corazones llenos de la misma compasión de Cristo.

Preguntas de discusión

1. ¿Por qué piensa que solemos reducir el liderazgo a las decisiones que se hacen en una sala de juntas?
2. ¿Qué podría hacer su congregación para servir mejor a las minorías o a las personas que se han quedado sin un hogar?
3. ¿Cómo se dividen en su congregación las áreas de trabajo de los diáconos? ¿Cuánto de esto es impulsado por las necesidades de la comunidad o de la congregación?

Tarea

1. Lea detenidamente los pasajes sobre la compasión en este capítulo y haga una lista de cosas que le llamaron la atención de esos pasajes.
2. Lea Juan 10:1–18 y haga una lista de cosas que le llamaron la atención sobre el liderazgo de Jesús.
3. Haga una lista de las diez necesidades principales en su comunidad y en su congregación. Proponga una respuesta posible para, al menos, tres de esas necesidades.

6

COMÚN
ÉL TUVO UN CORAZÓN HUMILDE

Introducción

Dos PATOS Y una rana vivían juntos en un estanque y se hicieron buenos amigos. Cuando el estanque comenzó a secarse por el calor del verano, los patos decidieron que tenían que encontrar otro lugar. Esto no fue tan fácil para la rana. Ella no podía volar. La rana, entonces, sugirió que los patos podían volar sosteniendo un mismo palo con el pico cada uno, de manera que la rana pudiera sostener la mitad del palo con la boca. El plan estaba funcionando perfectamente hasta que un granjero miró hacia arriba y vio a los patos y a la rana volando: «¡Pero qué brillante idea!» dijo él, «me pregunto, ¿a quién se le habrá ocurrido?» La rana respondió: «a míííííííííí…» ¡plof! ("Dos patos" 1989, 34). Cierto es el proverbio: «Antes del quebrantamiento es la soberbia, y antes de la caída la altivez de espíritu» (Prov.16:18).

Pablo añade: «Así que, el que piensa estar firme, mire que no caiga» (1 Cor.10:12). ¡Tales palabras necesitan estar en el corazón de todos aquellos que se atreven a liderar al pueblo de Dios!

Stott dijo correctamente:

Estamos allí en soledad, mientras los ojos de todos están sobre nosotros. Sostenemos un monólogo, mientras todos se sientan quietos, silenciosos y apagados. ¿Quién puede soportar tal exposición pública y permanecer indemne de la vanidad? El orgullo es sin duda el principal riesgo laboral del predicador. Ha arruinado a muchos y ha privado a su ministerio de poder.

John MacArthur resalta el liderazgo del apóstol Pablo en su libro *Called to Lead* (*Llamado a liderar*). Habiendo discutido los comentarios de Pablo en 1 Corintios 15:10 y 2 Corintios 3:5, MacArthur establece el siguiente principio: «un líder conoce sus propias limitaciones». Él explica que: «Aquellos a quienes el mundo considera como líderes a menudo destilan arrogancia, fanfarronería, egoísmo y presunción. Esas cosas no son cualidades del verdadero liderazgo; son, en realidad, obstáculos de él» (2004, 101).

Uno de los grandes peligros para los líderes es ser conquistados por el orgullo. Hemos aludido a la humildad de Jesús en capítulos anteriores, pero sentí que seríamos negligentes si no dedicábamos al menos un capítulo entero a este importante rasgo del carácter del hijo de Dios. Primero, volvamos nuestra atención a Cristo, y luego retornaremos al cristiano.

El Cristo

En su libro monumental sobre liderazgo, *Good to Great* (De buena a grandiosa), Jim Collins destaca los rasgos que están presentes en las grandes compañías que son diferentes a los rasgos en las buenas compañías (tiene criterios muy específicos sobre qué compañías están en cada categoría). Él identifica cinco niveles de liderazgo que existen en compañías: Nivel 1 – «Individuo altamente capaz», Nivel 2 – «Colaborador del equipo», Nivel 3 – «Ejecutivo competente», Nivel 4 – «Líder eficaz» y nivel 5 – «Ejecutivo de nivel 5» (Collins 2001, 20). Él observa que las grandes compañías suelen tener ejecutivos de Nivel 5. El Ejecutivo de Nivel 5 construye «grandeza perdurable a través de una mezcla paradójica de humildad personal y voluntad profesional» (Collins 2001, 20). Collins agrega que: «los líderes de Nivel 5 desvían de sí mismos sus necesidades egoístas y las canalizan hacia una meta más amplia de crear una gran compañía» (2001, 21). Con el éxito, existe peligro de tener un concepto demasiado elevado de nosotros mismos. Las grandes iglesias, como las grandes compañías, son construidas por líderes que están dispuestos a poner su ego a un lado. Hasta entonces en nuestro estudio, hemos enfatizado las habilidades increíbles y los rasgos del carácter de Jesús como un líder. Hemos notado cuán a menudo las personas lo seguían masivamente. De haber estado en las mismas circunstancias, puede que nosotros hubiésemos sido vencidos por el orgullo. Jesús predicaba y practicaba lo contrario.

Predicando

La humildad estaba en el corazón de la enseñanza de Jesús. La mayoría de nosotros hemos oído la expresión: «el primero en llegar, el primero en ser servido». Jesús puso este dicho cabeza para abajo. Él enseñó: «el primero en llegar, el último en ser servido» o «sirve primero, luego ven». Si nos apresuramos a ir al frente, seremos trasladados a la parte de atrás. Considere lo siguiente:

> Porque de dentro, del corazón de los hombres, salen los malos pensamientos, los adulterios, las fornicaciones, los homicidios, los hurtos, las avaricias, las maldades, el engaño, la lascivia, la envidia, la maledicencia, *la soberbia*, la insensatez. Todas estas maldades de dentro salen, y contaminan al hombre (Marcos 7:21–23, énfasis añadido).

Y llegó a Capernaúm; y cuando estuvo en casa, les preguntó: ¿Qué disputabais entre vosotros en el camino? Mas ellos callaron; *porque en el camino habían disputado entre sí, quién había de ser el mayor.* Entonces él se sentó y llamó a los doce, y les dijo: *Si alguno quiere ser el primero, será el postrero de todos, y el servidor de todos.* Y tomó a un niño, y lo puso en medio de ellos; y tomándole en sus brazos, les dijo: El que reciba en mi nombre a un niño como este, me recibe a mí; y el que a mí me recibe, no me recibe a mí sino al que me envió (Marcos 9:33–37, énfasis añadido).

Entonces Jacobo y Juan, hijos de Zebedeo, se le acercaron, diciendo: Maestro, querríamos que nos hagas lo que pidiéremos. Él les dijo: ¿Qué queréis que os haga? Ellos le dijeron: Concédenos que en tu gloria nos sentemos el uno a tu derecha, y el otro a tu izquierda. Entonces Jesús les dijo: No sabéis lo que pedís. ¿Podéis beber del vaso que yo bebo, o ser bautizados con el bautismo con que yo soy bautizado? Ellos dijeron: Podemos. Jesús les dijo: A la verdad, del vaso que yo bebo, beberéis, y con el bautismo con que yo soy bautizado, seréis bautizados; pero el sentaros a mi derecha y a mi izquierda, no es mío darlo, sino a aquellos para quienes está preparado. Cuando lo oyeron los diez, comenzaron a enojarse contra Jacobo y contra Juan. Mas Jesús, llamándo-los, les dijo: Sabéis que los que son tenidos por gobernantes de las naciones se enseñorean de ellas, y sus grandes ejercen sobre ellas potestad. Pero no será así entre vosotros, *sino que el que quiera hacerse grande entre vosotros será vuestro servidor, y el que de vosotros quiera ser el primero, será siervo de todos. Porque el Hijo del Hombre no vino para ser servido, sino para servir, y para dar su vida en rescate por muchos* (Marcos 10:35–35, énfasis añadido).

Los apóstoles y discípulos de Jesús lucharon contra el orgullo. Eso era lo que veían en los líderes del mundo en el cual vivían. Esto era cierto, ya fuera que miraran a los fariseos y saduceos o a los líderes del Imperio romano. Los líderes paganos se enseñoreaban de aquellos que los seguían (Marcos 10:42). Note las palabras que Jesús dice a los discípulos: «pero no será así entre vosotros» (Marcos 10:43). Jesús estaba rompiendo el molde del liderazgo. Rompió el molde en tantas otras áreas de la vida, ¿por qué debería ser diferente con el liderazgo? Al igual que con los otros cambios que exigía, los discípulos lucharon por verterse en este nuevo molde. Se requería algo más que predicar para cambiarlos.

Práctica

Si alguien ha tenido alguna vez el derecho de ser orgulloso, ese era Jesús. No obstante, Sus prácticas muestran que Él fue cualquier otra cosa excepto alguien arrogante. En la carta de Filipenses, Pablo desafió a los hermanos a ser personas humildes.

> Por tanto, si hay alguna consolación en Cristo, si algún consuelo de amor, si alguna comunión del Espíritu, si algún afecto entrañable, si alguna misericordia, completad mi gozo, sintiendo lo mismo, teniendo el mismo amor, unánimes, sintiendo una misma cosa. *Nada hagáis por contienda o por vanagloria; antes bien con humildad, estimando cada uno a los demás como superiores a él mismo*; no mirando cada uno por lo suyo propio, sino cada cual también por lo de los otros (Filipenses 2:1-4, énfasis añadido).

Para Pablo, las claves de la unidad estaban en cómo nos vemos a nosotros mismos y cómo vemos a los demás. Él vio la humildad como un pegamento que mantiene unido al pueblo de Dios. Luego dio a Jesús como un ejemplo para motivarlos a llevar a cabo su mandamiento.

Haya, pues, en vosotros este sentir que hubo también en Cristo Jesús, el cual, siendo en forma de Dios, no estimó el ser igual a Dios como cosa a que aferrarse, sino que *se despojó a sí mismo*, tomando forma de siervo, hecho semejante a los hombres; y estando en la condición de hombre, *se humilló a sí mismo*, haciéndose obediente hasta la muerte, y muerte de cruz. Por lo cual Dios también le exaltó hasta lo sumo, y le dio un nombre que es sobre todo nombre, para que en el nombre de Jesús se doble toda rodilla de los que están en los cielos, y en la tierra, y debajo de la tierra; y toda lengua confiese que Jesucristo es el Señor, para gloria de Dios Padre (Filipenses 2:5–11, énfasis añadido).

Nunca entenderemos por completo a qué renunció Jesús. Pablo lo describió de esta manera en la carta a la que llamamos comúnmente 2 Corintios: «Porque ya conocéis la gracia de nuestro Señor Jesucristo, que por amor a vosotros se hizo pobre, siendo rico, para que vosotros con su pobreza fueseis enriquecidos» (8:9). Dejó las glorias del cielo para nacer en un lugar donde conservaban animales (probablemente una cueva), puesto en un pesebre, criado en la pobreza y crucificado en un árbol que Él hizo como Creador del mundo (Juan 1:3). Se «hizo pobre» para que nosotros «fuésemos enriquecidos» (2 Cor. 8:9). Este sacrificio es lo que Pablo estaba tratando de describir a los cristianos filipenses cuando dijo que Jesús «se despojó a sí mismo». Jesús es el ejemplo supremo de la humildad.

Cuando uno piensa en la humildad de Jesús, hay un pasaje clave que inmediatamente debería venir a la mente. En el Seminario Teológico en Dallas, Texas, afuera hay una estatua de bronce de Jesús lavando los pies de uno de los discípulos. Es una bella obra de arte y teología. Tomé una foto para no olvidarla, pero la realidad es que no la olvidaré, ya sea que mire la foto de nuevo o no. Esa es la imagen que viene a mi mente cuando escucho la palabra «humilde». Es una imagen del

Salvador del mundo envuelto en una toalla y lavando los pies. Soy un estudiante visual; por ende, las películas a menudo me ayudan a entender y procesar cosas. Recuerdo esta escena en la película del *Evangelio de Juan*. Ver a Jesús lavar los pies de ellos y, en particular, ver la mirada en el rostro de los apóstoles entretanto Él lo hacía, fue una experiencia conmovedora. Intente crear una imagen en su mente mientras leemos el registro de Juan sobre este evento asombroso:

> Antes de la fiesta de la pascua, sabiendo Jesús que su hora había llegado para que pasase de este mundo al Padre, como había amado a los suyos que estaban en el mundo, los amó hasta el fin. Y cuando cenaban, como el diablo ya había puesto en el corazón de Judas Iscariote, hijo de Simón, que le entregase, sabiendo Jesús que el Padre le había dado todas las cosas en las manos, y que había salido de Dios, y a Dios iba, se levantó de la cena, y se quitó su manto, y tomando una toalla, se la ciñó. Luego puso agua en un lebrillo, y comenzó a lavar los pies de los discípulos, y a enjugarlos con la toalla con que estaba ceñido (Juan 13:1–5).

En *The Maxwell Leadership Bible* (La Biblia de liderazgo Maxwell), Maxwell hace los comentarios a continuación sobre los primeros versículos de Juan 13:

> Jesús sabía que era Él, y Él estaba lo suficientemente seguro de agacharse en el suelo y lavar los pies de Sus discípulos. Él no tenía que probar nada. De hecho, Él no tenía nada que probar, nada que perder, y nada que esconder. Los inseguros se interesan por los títulos. Los seguros se interesan en las toallas (2007, 1326).

Lo que hace de este registro aún más asombroso son las circunstancias bajo las cuales Jesús realiza este acto de servicio y la consideración de aquellos cuyos pies lavó. Jesús estaba a horas de la cruz. Incluso entonces, Él pensaba en los demás. Piense en los pies que lavó. Lavó los pies de hombres que Él creó (*cfr.* Juan 1:1 - 4). Él también lavó los pies de hombres que lo abandonarían y huirían cuando Él fuera llevado como prisionero. Uno de ellos, uno que estaba entre Sus amigos más cercanos, negaría conocerlo. Otro, lo traicionaría al entregarlo a Sus enemigos. Fue esta actitud humilde y de servidor lo que separaba a Jesús de los maestros religiosos de Su tiempo.

Maxwell nota: «A menudo asumimos que, si servimos, las personas bajarán su perspectiva de nosotros; asumirán que poseemos la posición más baja en la organización. Pero esto es equivocado». Luego da como ejemplo a las madres y añade:

> Las personas se sienten atraídas hacia aquellos que les sirven sacrificialmente, y no repelidos por ellos. El servicio añade valor a las personas. La servidumbre no se trata de la posición o de la habilidad. Se trata de la actitud. Los líderes buscan las maneras de añadir valor a otros, y la primera manera en que los hacen es a través de servirles (2007, 1326).

Para probar el punto de Maxwell, considere a Jesús mismo. ¡Jesús vivió una vida de servicio humilde para los demás, y millones de personas le han seguido!

El cristiano

¿Por qué Jesús lavó los pies de los discípulos? Retornemos a la historia en Juan 13 antes de responder a esa pregunta:

> Así que, después que les había lavado los pies, tomó su manto, volvió a la mesa, y les dijo: ¿Sabéis lo que os he hecho? Vosotros me llamáis Maestro, y Señor; y decís bien, porque lo soy. Pues si yo, el Señor y el Maestro, he lavado vuestros pies, vosotros también debéis lavaros los pies los

unos a los otros. *Porque ejemplo os he dado, para que como yo os he hecho, vosotros también hagáis.* (Juan 13:12–15, énfasis añadido).

Recuerde que Jesús tuvo que lidiar repetidamente con la arrogancia de los discípulos. Ellos literalmente discutían sobre quién de ellos era el mayor (Marcos 9:34). Jesús les había enseñado a ser humildes, y aun así tenían problemas. ¿Cómo rompería este ciclo de orgullo? Con una toalla y un recipiente de agua. Note de nuevo sus palabras: «Porque ejemplo os he dado, para que como yo os he hecho, vosotros también hagáis» (Juan 13:15). Al hacerlo así, Él también dejó un ejemplo para nosotros. Nosotros igual, si hemos de liderar como el Señor, debemos ser personas con humildad.

He tenido el privilegio de enseñar en tres de nuestras facultades de humanidades de la hermandad que están acreditadas y dos escuelas para predicadores. He trabajado con algunos jóvenes increíbles. Es emocionante pensar en cómo Dios los utilizará para hacer cosas asombrosas. Los amo y agradezco a Dios por el privilegio de conocerlos. También hay una enfermedad que veo en algunos de los licenciados en Biblia que se gradúan de nuestras escuelas. Se llama «Yosoyitis». A veces pensamos que, dado que tenemos un diploma el cual indica que somos licenciados en la Biblia, somos el regalo de Dios para el mundo. Y porque hemos estudiado en un salón de clases en una universidad o escuela de predicación, asumimos que sabemos más que aquellos que «solo» estudiaron en sus recámaras o alrededor de una mesa de cocina. ¿Cómo puede un campesino o un profesor de escuela conocer tan bien la Biblia como nosotros? Ellos no han estudiado hermenéutica, homilética o idiomas bíblicos, ¿no es así? ¿A quién le importa que ellos hayan estudiado la Biblia por 40 años y hayan experimentado cosas en la vida que nosotros aún no hemos llegado a comprender por décadas? Algunos de los que se gradúan de las escuelas de entrenamiento para predicadores piensan que son mejores que aquellos que se gradúan de programas bíblicos de humanidades de la universidad y viceversa. Cada cual tiene su razón para menospreciar al otro. Una cosa es sentirse orgulloso de su propia escuela, y creer en ella. Pero ser arrogante es algo totalmente diferente. El orgullo no solo es un rasgo de los jóvenes predicadores. Muchos predicadores mayores han fracasado en ejemplificar la humildad a quienes vienen detrás suyo. ¡Dios no quiera que la arrogancia encuentre su camino hacia nuestros púlpitos!

Quiero plantear un desafío a todas las escuelas de la hermandad, de cualquier tipo, y que están entrenando predicadores para que ocupen nuestros púlpitos. Entrenen lavadores de pies, no fariseos. Asimismo, mientras más y más congregaciones y campamentos de verano entrenan jóvenes para que enseñen clases y dirijan en la adoración, hay un tremendo peligro que coincide con la arrogancia. Creo que deberíamos animar y dar honra a quien honra merece, pero si nuestros jóvenes ven el ministerio como algo que hacemos por trofeos y galardones, entonces hemos fallado a lo que verdaderamente se trata del concepto bíblico de liderazgo y ministerio. Hay una línea fina entre confianza y arrogancia. Soy un fiel creyente en los programas de entrenamiento para predicadores y el liderazgo para los jóvenes, pero hemos de asegurarnos que enseñar humildad sea un componente clave en tales programas. Debe ser más que solo un comentario hecho en clase. Debe ser constantemente enfatizado y modelado ante aquellos que son entrenados hasta que se vuelva parte de su ADN espiritual.

Hasta ahora, aquellos que no son predicadores o maestros pudieron haber pensado que esta lección les iba a salir fácil. Lo lamento, pero ese no es el caso. La arrogancia es una enfermedad mortífera que todo cristiano debe batallar, no solamente los predicadores. Aquellos en posiciones de liderazgo, en particular, serán especialmente susceptibles a este virus maligno. En ocasiones, los ancianos y los diáconos dejan que sus posiciones se les suba a la cabeza. Los ancianos a veces olvidan que su autoridad descansa en el grupo, no en cada uno como individuo. Los diáconos puede que olviden que el mismísimo título que ellos llevan significa «siervo». Brad Lomenick, en su obra H3 Leadership (*Liderazgo H3*), hace una observación perspicaz:

> Muchos líderes te dirán que no creen que el universo -o incluso su departamento- gira alrededor de ellos. Pero si abres el capó de la organización, verás una imagen diferente. El equipo puede que no se sienta libre de retar la opinión del líder. Los procedimientos de la compañía puede que requieran la aprobación o firma del líder antes de que incluso, decisiones menores, sean finalizadas. O la cultura demanda constante alabanza y aprobación del líder (2015, 25).

Como líderes de la iglesia, necesitamos pensar si es que estamos creando una cultura congregacional centrada en el líder, o centrada en el Señor.

Piense en otras formas en las cuales hemos tenido actitudes orgullosas hacia los demás y que probablemente no nos hemos dado cuenta. Menospreciamos a aquellos de otros grupos religiosos. A menudo, menospreciamos a los que responden a la invitación. Menospreciamos a aquellos que son culpables de lo que nosotros catalogamos como «grandes pecados». Menospreciamos a las personas con diferentes ingresos económicos, o en diferentes niveles educacionales o sociales a los nuestros. Menospreciamos a aquellos que buscan ayuda de la benevolencia. Menospreciamos a las personas que son de diferentes países, razas, culturas y géneros. Incluso, menospreciamos a las personas con base a dónde viven, a qué secundaria fueron, o qué grupos deportivos siguen. Si no somos cuidadosos, las actitudes arrogantes se arrastrarán a nuestros corazones y van a mostrarse a través de nuestras conductas y conversaciones.

Pablo le dijo a Tito:

> Porque nosotros también éramos en otro tiempo insensatos, rebeldes, extraviados, esclavos de concupiscencias y deleites diversos, viviendo en malicia y envidia, aborrecibles, y aborreciéndonos unos a otros. Pero cuando se manifestó la bondad de Dios nuestro Salvador, y su amor para con los hombres, nos salvó, (...) (Tito 3:3–5).

Para permanecer humildes, necesitamos recordar nuestros errores y debilidades y lo que Dios ha hecho por nosotros a pesar de esos errores. Necesitamos recordar que todos los seres humanos están hechos a la imagen de Dios. Y, sobre todo, necesitamos mantener nuestro enfoque en Jesús y seguir su ejemplo.

Conclusión

F.B. Meyer señaló:

> Solía pensar que los dones que Dios nos da, estaban sobre repisas—el uno sobre el otro y, mientras más alto creciésemos, más fácil podríamos alcanzarlos. Ahora me he encontrado con que los dones que Dios da están sobre repisas uno debajo del otro, y que no se trata de volverse más altos sino de encorvarse hacia abajo (citado en McLellan 2000, 134).

Una y otra vez, la Biblia nos llama a ser personas de humildad. Santiago resumió el mensaje de Dios cuando dijo «Dios resiste a los soberbios, y da gracia a los humildes» (Santiago 4:6). ¿De dónde aprendió Santiago esta realidad? Tal vez la aprendió del ejemplo y la enseñanza de su hermano, Jesús (*cfr.* Mat. 23:12). Todos hemos oído el adagio antiguo de que no debemos juzgar a los demás sino hasta que hemos caminado una milla en sus zapatos. Jesús nos enseña a hacer más que solamente caminar en los zapatos de los demás. Él me enseña a quitarme los zapatos y lavar los pies de ellos.

Discusión y tarea

En su libro Liderazgo H3, Lomenick desafía a los líderes a considerar las siguientes preguntas para identificar si han creado una organización que gira en torno a ellos:

1. ¿Se requiere que otros le consulten antes de tomar decisiones básicas?
2. ¿Se encuentra usted mismo usando la palabra *Yo* excesivamente?
3. Lea Juan 10:1–18 y haga una lista de cosas que le llamaron la atención sobre el liderazgo de Jesús.
4. ¿Los otros tienen que mantenerlo informado sobre detalles que no tienen que ver con su trabajo?
5. ¿Tiene consejeros de confianza que tengan permiso para criticar sus decisiones?
6. ¿Usted requiere regularmente aplausos y afirmación?
7. ¿La gente teme el riesgo por miedo a recibir respuestas negativas de parte de usted?
8. ¿Usted se resiste a compartir la culpa si algo sale mal?
9. ¿Recibe usted criticismo tanto como usted lo ofrece?

Reconociendo que estas preguntas están dirigidas principalmente para contextos afuera de la congregación, considere lo siguiente:

1. Reflexione sobre como usted respondería estas preguntas personalmente. Piense en los posibles

cambios que debería hacer basado en cómo respondería esas preguntas.

2. ¿Son estas preguntas relevantes en el contexto de la congregación? ¿Por qué sí o por qué no?

3. Discuta sobre cómo podemos crear un balance entre el descuido de la supervisión de quienes nos siguen y crear un mundo que gira alrededor de nosotros, donde todas las decisiones deben pasar por nosotros y no confiamos en otros para tomar decisiones.

7

CLARIDAD DE PENSAMIENTO
ÉL TOMÓ DECISIONES SABIAS

Introducción

Cuando inicié mis estudios de doctorado, contaba con entrenamiento en el área de las Escrituras, teología, predicación, comunicación y ministerio en la iglesia local. Pero gracias a mi última titulación pude acceder al mundo de la educación y de la investigación, que por cierto, me hubiesen sido útiles conocerlas durante mis primeros 20 años de trabajo como predicador y ministro juvenil. Fue así como pude acceder a la obra de Jean Piaget en cuanto al desarrollo biológico del cerebro, o a la investigación de Lev Vygotsky que trata del desarrollo social de la mente humana. Asimismo, aprendí acerca de las ideas de Howard Gardner en el área de la inteligencia humana. Piaget identificó los estados biológicos que atraviesan la mente. Vygotsky subrayó el impacto del ambiente en el pensamiento de una persona. Gardner nos retó a ir más allá que simplemente centrarnos en la inteligencia lógica y pensar en términos de inteligencias múltiples (musical, lingüística, mecánica, etc.).

El apóstol Pablo también sabía algo sobre el desarrollo de la mente. Él declaró: «cuando yo era niño, hablaba como niño, pensaba como niño, juzgaba como niño, mas cuando ya fui hombre; dejé lo que era de niño» (1 Cor.13:11). Tal como la mente de Pablo se había desarrollado a medida que crecía físicamente, Pablo sabía que nuestras mentes necesitan desarrollarse mientras crecemos espiritualmente. En Filipenses 2:5 él dijo, «Haya, pues, en vosotros este sentir que hubo también en Cristo Jesús». El léxico de Frederick W. Danker nos dice que el «sentir» (phronéo) significa «tener una opinión con respecto a algo, pensar, formar/sostener una opinión, juzgar» (2000, 1065). Pablo estaba llamando a los cristianos a pensar como Jesús.

Como líderes de Dios, tenemos que aprender a pensar como Jesús. Necesitamos desarrollar mentes sabias, con claridad de pensamiento y espirituales, que puedan tomar las mejores decisiones para el pueblo y la misión de Dios. Tras discutir la teoría de las inteligencias múltiples de Garner, Mohler habla sobre la necesidad de que los líderes tengan lo que él llama «inteligencia por convicción». Y declara que «[la] inteligencia por convicción es el producto de aprender la fe cristiana, profundizar en la verdad bíblica, y descubrir cómo pensar a la manera de un cristiano» (2012, 31). Además, nota que nosotros «operamos desde reflejos intelectuales» (2012, 34). A la luz de esto, dice que:

> El líder cristiano debe tener reflejos que corresponden a la verdad bíblica. Cuando algo sucede o surge un problema, la mente del líder debe activar el reflejo intelectual apropiado. Una vez que se involucra ese reflejo, el proceso del pensamiento ha avanzado lo suficiente. Si el reflejo es equivocado, el líder está en peligro—e igual lo están todos a quienes él dirige (2012, 34).

Tomemos un momento y consideremos los reflejos mentales del Hijo de Dios.

El Cristo

¿Quién es el hombre más sabio que jamás haya existido? ¿Se le vino a la mente el nombre de Salomón? ¿Será realmente el hombre más sabio que jamás haya existido? Cuando pensamos en Jesús, a menudo utilizamos palabras como «apacible», «amable», «compasivo», «amoroso», «bondadoso», «poderoso», etc. Pero, ¿hemos de usar también palabras como «listo», «inteligente», «brillante», o «sabio»? En su libro La Divina Conspiración (*The Divine Conspiracy*), Dallas Willard pregunta:

> ¿Podemos seriamente imaginarnos que Jesús podría ser el Señor si no fuera inteligente? Si fuera divino, ¿sería tonto, o desinformado? Si usted se detiene a pensar en ello, cómo podría ser que creamos lo que es en todos los demás aspectos y no ser la persona mejor informada y la más inteligente de todas, la persona más inteligente que jamás haya existido (1997, 94).

Willard añade:

> La visión bíblica y continua de Jesús fue la de alguien que hizo toda la realidad creada y la mantuvo funcionando, donde literalmente «todas las cosas en él subsisten» (Col. 1:17). ¿Y hoy día pensamos que las personas son inteligentes y fabrican bombillas, chips de computadora y cohetes con «cosas» que ya se les proporcionaron? ¡Pero él hizo «las cosas»! (1997, 94).

Cuando se piensa en lo que Willard dijo, es a la vez cómico y horrífico, humoroso y humillante. ¿Cómo podemos ver a Jesús como algo que no sea el hombre más sabio que jamás haya existido? No obstante, me temo que rara vez pensamos en Él en esos términos. Cuando lo vemos solamente como un hombre simpático, es posible que nos agrade e incluso que lo imitemos y tratemos ser amables con los demás también. Pero si no lo vemos como sabio y omnisciente, puede que no escuchemos lo que Él dice en otras áreas de nuestras vidas. De nuevo, Willard dice,

> Curiosamente, parece como si estuviésemos listos para aprender a vivir de casi cualquier otra persona, menos de él. Estamos prestos a creer que los 'últimos estudios' tienen más que enseñarnos sobre el amor y el sexo que él, y que Louis Rukeyser sabe más sobre finanzas. La 'Querida Abby' (una famosa columnista de consejos en un periódico) puede enseñarnos más sobre cómo llevarnos bien con nuestros familiares y compañeros de trabajo, y que Carl Sagan es una mejor autoridad en lo tocante al cosmos (1997, 55).

El Nuevo Testamento describe a Jesús como un hombre de sabiduría. Considere los siguientes ejemplos de la vida de Jesús:

> Y el niño crecía y se fortalecía, y *se llenaba de sabiduría*; y la gracia de Dios era sobre él (Lucas 2:40, énfasis añadido).

> Y venido a su tierra, les enseñaba en la sinagoga de ellos, de tal manera que se maravillaban, y decían: *¿De dónde tiene este esta sabiduría* y estos milagros? (Mateo 13:54, énfasis añadido).

> Y llegado el día de reposo, comenzó a enseñar en la sinagoga; y muchos, oyéndole, se admiraban, y decían: ¿De dónde tiene este estas cosas? ¿Y *qué sabiduría es esta* que le es dada, y estos milagros que por sus manos son hechos? ¿No es este el carpintero, hijo de María, hermano de Jacobo, de José, de Judas y de Simón? ¿No están también aquí con nosotros sus hermanas? Y se escandalizaban de él (Marcos 6:2–3, énfasis añadido).

La reina del Sur se levantará en el juicio con esta generación, y la condenará; porque ella vino de los fines de la tierra para oír la *sabiduría de Salomón*, y *he aquí más que Salomón en este lugar* (Mateo 12:42, énfasis añadido).

Si Jesús pudo formar el cosmos de la nada, pudo crear el sistema circulatorio humano o una mente humana, la cual pudo formular los medios para enviar un hombre a la Luna, entonces Él sabe cómo yo debo vivir mi vida. Él no solo sabe las Escrituras, sino que también puede ayudarme a entenderlas y aplicarlas. «Y comenzando desde Moisés, y siguiendo por todos los profetas, les declaraba en todas las Escrituras lo que de él decían» (Lucas 24:27, cfr. 24:32).

¿De dónde vino la sabiduría de Jesús? Puede que le sorprenda que yo haga esa pregunta. Pueda que usted esté pensando, «por supuesto que Él es sabio, dado que es el divino Hijo de Dios (cfr. Juan 20:28; 9:38), y el Espíritu Santo lo asistió (Lucas 3:22; 4:1–2). Empero, debemos recordar también que Él «se despojó a sí mismo» cuando se volvió un ser humano (Filipenses 2:7). Siendo el divino Hijo de Dios, era omnisciente. Pero en la carne humana, no era omnisciente. En cierto sentido, Él se despojó a sí mismo de conocimiento. Para ser verdaderamente humano como nosotros, no pudo haber nacido ya sabiendo cálculo o geografía universal. Diez minutos después de su nacimiento, el bebé Jesús habría sabido lo que cada otro niño de diez minutos de nacido sabe.

Mientras estaba sobre la tierra, Jesús dijo que Él no sabía cuándo regresaría a la tierra (Mat. 24:36). Él dijo que solamente el Padre lo sabía (mas yo pienso que es posible que Jesús ahora ya lo sabe). Note que Lucas nos dice, «Y Jesús crecía en sabiduría y en estatura, y en gracia para con Dios y los hombres» (2:52). El hecho de que Él crecía en sabiduría implica que Él tenía grados de conocimiento en su existencia terrenal. Él no era omnisciente como ser humano.

Entonces, ¿cómo es que Él se volvió sabio siendo un ser

humano? En adición a la guía del Espíritu Santo, noto otros elementos. Primero que todo, Jesús regularmente oraba al Padre. Un ejemplo fue la noche antes de que Él escogiese a los doce (Lucas 6:12–15). Me encantaría haber sido capaz de escuchar esa conversación entre el Padre y el Hijo. ¿Pasarían la mayor parte de la noche hablando sobre la elección de Pedro y Judas?

En segundo lugar, fue criado por padres piadosos (Lucas 2:39–41). José y María habrían jugado un papel importantísimo en ayudar al joven Jesús a redescubrir quién realmente era Él. En Lucas 2:41–52, de lo cual ya hablamos en el capítulo 3, es donde Jesús tomó Su verdadera identidad. Solo Dios sabe el peso de la responsabilidad que María y José cargaron en sus hombros cada día.

En tercer lugar, buscó el consejo de aquellos que dedicaban sus vidas al estudio de las Escrituras (Lucas 2:46). Durante una separación de tres días de su familia, Jesús estuvo en el templo con los maestros, (¿alguna vez se ha preguntado dónde se quedó durante este tiempo?). El texto nos dice que Él no era un transeúnte desocupado que solamente dejaba pasar el tiempo, sino que estaba escuchando y haciendo preguntas. Escuchar y hacer preguntas son dos de los pilares más importantes del aprendizaje. Los grandes líderes son personas que aprenden. Ellos escuchan y preguntan, tal como Jesús.

Finalmente, desarrolló el hábito de ir a la sinagoga para estudiar la Palabra de Dios (Lucas 4:16). Me hace pensar en la gente de Berea, quienes «recibieron la palabra con toda solicitud, escudriñando cada día las Escrituras para ver si estas cosas eran así» (Hechos 17:11). Las Escrituras estaban incrustadas en la conciencia de Jesús de manera tal que cuando fue tentado por el diablo, la palabra de Dios brotó: «Escrito está…» (Lucas 4:4,8). Pienso que Mohler hubiera dicho que Él tenía «inteligencia conviccional». Sus reflejos mentales correspondieron con la verdad bíblica (2012, 34).

El cristiano

«El Salvador es suficiente y supremo». Esa es la frase temática que utilizo para referirme al libro de Colosenses. Pablo parece que está intentando contrariar alguna especie de falsa enseñanza que cuestionaba la idoneidad de Cristo. En el libro, él comienza elogiando a los colosenses por su fe y amor, los cuales están fundamentados en la «la esperanza que os está guardada en los cielos» (cfr. Col. 1:3–5). Aprendieron de esta esperanza a través de la predicación de la palabra de verdad por medio de Epafras. Habiéndolos elogiado, él después les dice que está orando por ellos. Específicamente, les dice que estaba orando para que ellos sean «llenos del conocimiento de su voluntad en toda sabiduría e inteligencia espiritual» (Col. 1:9). Subrayemos estas tres palabras clave en su declaración: «conocimiento», «inteligencia», y «sabiduría». «Conocimiento» es información, «inteligencia» es la percepción dentro del sentido y significado de la información, y «sabiduría» es saber cuándo, dónde, cómo, y por qué aplicar la información. Pablo quería que los colosenses tuvieran conocimiento espiritual, sabiduría, y entendimiento, para que ellos pudieran tener vidas que agradaran al Señor (Col.1:10). Los líderes tienen que desarrollar sabiduría espiritual y entendimiento («inteligencia conviccional»). Tienen que aprender a pensar como Jesús.

Las decisiones son parte del liderazgo. Henry y Richard Blackaby hacen una afirmación sobre el liderazgo y la toma de decisiones, al decir que:

> La gente que está indispuesta o es incapaz de tomar decisiones son candidatos improbables para el liderazgo. (…) La gente necesita la seguridad de que su líder es capaz de tomar decisiones sabias y oportunas. El miedo de tomar una decisión equivocada es el ímpetu principal detrás del estilo de liderazgo de algunas personas. Tales personas se paralizan

por su miedo de cometer un error. Es verdad que todas las decisiones tienen ramificaciones, y los líderes deben estar preparados para aceptar las consecuencias de sus decisiones. Aquellos sin la fortaleza de vivir con esta realidad no deberían tomar un papel de liderazgo (2001, 178).

Los líderes en la iglesia deben estar dispuestos a tomar decisiones y vivir con las consecuencias. También deberíamos asegurarnos que tales decisiones sean sabias. Peter F. Drucker dice que:

Sin embargo, es en la toma de decisiones donde todo empieza a tener sentido. Es el punto decisivo de la organización. La mayoría de las otras tareas que hacen los ejecutivos, otras personas podrían hacerlas. Pero sólo los ejecutivos pueden tomar las decisiones. O toman decisiones efectivamente, o se vuelven ineficaces (1990, 121).

La realidad es que muchas organizaciones deben tomar decisiones para que la organización sea exitosa. El enfoque de Drucker está en los líderes cuyas decisiones impactan la decisión y políticas globales para la organización. Tales decisiones deben ser efectivas. Necesitan ser sabias.

¿Cómo toman decisiones sabias los líderes? Consideremos de nuevo las influencias en la vida de Jesús: (1) oración, (2) conocimiento de la palabra de Dios, y (3) aportes de los demás. Enfatizamos la importancia de la oración previamente en este libro, pero aquí hay un recordatorio: los líderes deben ser personas de oración. Si Jesús sentía que era importante hablar con el Padre antes de tomar decisiones, entonces sería lógico y correcto que nosotros hiciésemos la misma cosa. Verbalizar nuestros pensamientos y necesidades a Dios, nos ayuda a solucionar la situación en nuestras mentes, nos recuerda que necesitamos ayuda, y sitúa el problema/decisión en las manos del Creador del universo.

También notamos que el conocimiento de la palabra de Dios ayudó a Jesús a saber qué hacer cuando se enfrentaba a la tentación. Ello también puede ayudarnos a saber qué hacer cuando nos enfrentamos a la toma de decisiones. No podemos tener «inteligencia conviccional» o «reflejos mentales correspondientes a la verdad bíblica» si en realidad no conocemos la verdad bíblica. Pablo le dijo a Tito que los ancianos debían ser retenedores de la palabra fiel (Tito 1:9). Deben hacer esto para que «también puedan exhortar y convencer a los que contradicen» (1:9). Los ancianos también deben ser capaces de enseñar (1 Timoteo 3:2). Todo esto requiere conocimiento de las Escrituras. James Estep Jr., en Administración básica para iglesias y ministerios cristianos (*Management Essentials for Christian Ministries*), identifica preguntas claves que deben ser hechas par asegurarse de que una decisión se está tomando desde una perspectiva teológicamente informada:

- ¿La decisión honra y glorifica a Dios?
- ¿Es la decisión consistente con la voluntad revelada de Dios en Las Escrituras?
- ¿La decisión aborda la naturaleza espiritual de la humanidad?
- ¿Está el éxito de la decisión basada en un llamado a madurar en fidelidad?
- ¿La decisión afirma la naturaleza de la iglesia de Cristo y avanza su misión? (2005, 226)

En varias escuelas donde he enseñado, hemos solicitado versículos de memoria en nuestras clases bíblicas. Esto a menudo es una de las partes menos favoritas de la clase para los estudiantes. He visto a muchos estudiantes que obtienen la mejor nota en una prueba estándar y luego fracasan en una prueba de memorización. Me encuentro con que pocos han memorizado citas, ya sea de las Escrituras o de algún otro sitio, cuando estaban en la secundaria. No están siendo entrenados en este tipo de trabajo de memoria. Les he hablado frecuentemente a mis estudiantes en cuanto a cuán importante es el trabajo de memoria. Uso con regularidad la tentación de Jesús como ejemplo. A menudo vamos a estar en situaciones en las cuales tenemos que tomar una decisión sobre lo que se ha de hacer correctamente. He dicho a mis estudiantes que raramente seremos capaces de mirar nuestros teléfonos celulares o ver en una concordancia y hallar un verso que nos diga qué hacer. Tomaremos decisiones en el momento con base a lo que está almacenado en nuestras mentes. Si la palabra de Dios no está almacenada en mi mente, puede que Él quede fuera de la decisión. Los líderes espirituales necesitan conocer la Biblia.

Finalmente, los líderes sabios escuchan a otros. Jesús escuchó a los líderes religiosos. Él también hacía preguntas a menudo a los apóstoles. Entiendo que estas preguntas primariamente tenían un enfoque de enseñanza, pero también le permitían saber en qué estaban pensando y con qué estaban luchando. Proverbios 11:14 declara que: «Donde no hay dirección sabia, caerá el pueblo; mas en la multitud de consejeros hay seguridad». Es interesante que en Hechos 6 y en Hechos 15, los apóstoles incluyeron el aporte de los miembros en su proceso de toma de decisiones (*cfr.* 6:2-3; 15:22). Los ancianos y diáconos no deben desprenderse de aquellos a quienes sirven. Claro, no pueden tomar decisiones por voto popular, pero tampoco pueden servir a aquellos a quienes no conocen. No pueden conocer a aquellos a quienes no escuchan. Hay una gran cantidad de conocimiento, sabiduría, y experiencia en la congregación promedio, y los líderes que son insensatos no aprovechan tales recursos.

Podemos beneficiarnos mucho de la forma en que los apóstoles tomaron decisiones en la reunión que se registra en Hechos 15. La reunión descrita en este capítulo se enfocaba en si los no-judíos necesitaban ser circuncidados o no. Esto es lo que hicieron:

1. Identificaron el problema (15:6; no lo ignoraron).
2. Reunieron todos los hechos y permitieron que todas las partes hablaran (15:5–7).
3. Reunieron a los sabios (apóstoles, ancianos, Jacobo el hermano de Jesús).
4. Escucharon a la inspiración (apóstoles inspirados, Jacobo citando Amós 9:11–12).
5. Involucraron a los miembros (15:22).
6. Tomaron una decisión (15:19–22; no lo dejaron irresuelto).
7. Enviaron testigos presenciales a comunicar las decisiones a otros (15:22, 30; 16:4–5).
8. Escribieron sus decisiones para tener un registro (15:23–29). Los problemas a menudo surgen cuando las decisiones no son registradas para el futuro. Esto es común en los acuerdos que se dan entre ancianos y predicadores.

Los miembros de nuestro consejo administrativo en la Universidad Cristiana de Heritage leen juntos un libro diferente cada semestre. Algunos de estos son libros de tipo devocional, algunos son libros de liderazgo y otros son más académicos en orientación. Un libro que hallamos muy valioso fue Inteligencia institucional (*Institutional Intelligence*). El autor, Gordon T. Smith, observa que los líderes con inteligencia institucional tienen una «triple capacidad para pasar de la conversación a la decisión y, de ahí a la acción» (2017, 87). Él subraya lo siguiente:

- Fomentan una buena conversación hacia el entendimiento, la sabiduría y las soluciones creativas.
- Fomentan la capacidad de cierre—tomar las decisiones necesarias para la efectividad organizacional.

- Tienen el sistema en su lugar—los mecanismos—
para pasar de haber tomado la decisión a la
implementación real (Smith 2017, 87).

Vale la pena añadir que la toma de decisiones realizada en
Hechos 6 sobre la comida para las viudas griegas incluyó
asignar a individuos específicos que tomasen las decisiones.
Estos mismos principios básicos que se hallan en Hechos 6 y
15 pueden funcionar con muchas decisiones que se toman
dentro de las congregaciones hoy día.

En este punto, pareciera conveniente detenerse por un
momento y hablar sobre los ancianos y la toma de decisiones.
Algunos han notado que parece como si Jacobo tomara la
decisión en Hechos 15. Antes que nada, este es un escenario
de algún modo, único, y Jacobo era una persona muy única.
Era el hermano terrenal de Jesús, y su opinión habría llevado
una gran cantidad de peso. No obstante, el texto es también
muy claro en que los apóstoles y ancianos fueron parte inte-
gral en la discusión y que estos hombres y «la iglesia entera»
aprobaron la decisión y el proceso de reportarla. Usar Hechos
15 como evidencia para que alguien sirva de dictador
tomando decisiones para una iglesia o múltiples iglesias, sería
muy inapropiado. Los ancianos claramente tienen autoridad.
Esto está implicado en las palabras «obispo» y «supervisor»
(*epískopos*). Bíblicamente, esta autoridad yace en el grupo de
ancianos, o ancianado, no en el anciano individual. Las
normas y pautas para los ancianos en las Escrituras se dirigen
consistentemente a una pluralidad de ancianos (cfr. Hechos
20:17–38). Ningún anciano debería tomar una decisión por el
grupo. El anciano individual puede tomar decisiones en áreas
específicas de trabajo pero solo por delegación de los ancianos
como grupo y en consistencia con las decisiones del grupo.
No debería haber ancianos en calidad de «llaneros solitarios»
actuando arbitrariamente, separados del grupo. Los ancianos
individuales no tienen más autoridad que ningún otro

hombre mayor y sabio en la congregación. Ellos funcionan, en algunos sentidos (no en todos), como las juntas universitarias cristianas. Las juntas escolares tienen un empleado: el presidente. Como presidente de una escuela, yo respondo a una junta. Ellos son mis jefes. Pero solo el grupo tiene autoridad sobre mí. No tengo diecinueve jefes por separado que puedan darme diecinueve órdenes separadas. Es importante para los grupos de liderazgo, ya sean juntas de líderes o ancianos, que trabajen al unísono. No siempre estarán de acuerdo los unos con los otros; pero siempre deben respetarse unos a otros, dar a cada anciano una voz, tomar decisiones a la luz de las Escrituras, y hablar con una voz unificada una vez que la decisión se haya tomado (como los cristianos hicieron en Hechos 15).

También vale la pena notar que Jesús a menudo evitó precipitarse a tomar una decisión. Algunos eruditos notan que puede haber tardado alrededor de un año y medio en el ministerio público de Jesús antes de que designara a sus doce discípulos como apóstoles. Cuando vino el tiempo de tomar una decisión correcta, Él pasó la noche reflexionando en ello con el Padre (Lucas 6:12-13). También hay sabiduría en considerar las siguientes palabras de Drucker: «Los tomadores de decisiones menos efectivos son los que constantemente toman decisiones. Los efectivos toman muy pocas. Ellos se concentran en las decisiones importantes» (1990, 121). Se crea un atolladero cuando en las congregaciones los ancianos deben tomar cada sencilla decisión y no confían en los diáconos y otras personas de sabiduría para que tomen decisiones cuando sea apropiado. Los ancianos supervisan las decisiones de visión global y políticas que gobiernan a la congregación. No es el mejor uso de su tiempo o habilidades si están escogiendo los colores de la pintura o dónde el personal de la oficina compra sus clips de papel. Piense en las palabras de los apóstoles, que dijeron: «No es justo que nosotros dejemos la palabra de Dios, para servir a las mesas» (Hechos 6:2).

Conclusión

Los norteamericanos estuvieron pegados a sus televisores en medio de la crisis del COVID-19. Esto no fue solamente porque tenían más tiempo en casa debido a la cuarentena. Fue porque queríamos saber qué estaba sucediendo. Veíamos sesiones informativas por parte del presidente, gobernadores, departamentos de policía, y doctores. Yo, de hecho, asigné a algunos de nuestros asistentes administrativos en la Universidad Cristiana de Heritage a ver ciertos sitios web oficiales para mantenernos actualizados mientras la información estaba cambiando a cada hora durante ciertos períodos de la crisis. Cuando tomamos la decisión de transferir a todos los estudiantes al formato de aprendizaje a distancia y pedimos a nuestros estudiantes del campus que fueran a casa, recibimos oposición negativa de las personas (no demasiadas). Unos cuantos fueron muy insensibles al respecto. Al día siguiente, cuando cada otra universidad hizo lo mismo, los comentarios negativos se detuvieron. Queremos confiar en que aquellos que nos dirigen, aquellos que toman las grandes decisiones, lo estén haciendo de una manera sabia. Los que dirigimos necesitamos hacer nuestro mejor esfuerzo para tomar las mejores decisiones posibles. Debemos hacerlo incluso si otros dudan de nuestro juicio. Debemos hacerlo entendiendo que a quien ulteriormente respondemos, es a Dios, y no a los detractores o quejumbrosos (cfr. 1 Pedro 5:4). Dios merece lo mejor de nosotros. Él es digno de sabias decisiones.

Preguntas de discusión

1. ¿Qué significa la frase «apto para enseñar»?
2. ¿Piensa que ser apto para enseñar es algo que se ha considerado lo suficiente cuando una congregación

normal escoge a sus ancianos? ¿Por qué, o por qué no?

3. ¿Cuál diría usted que es el error número uno que los líderes cometen cuando toman decisiones importantes?

Tarea

1. ¿Cuántas horas invirtió en la última semana estudiando la palabra de Dios fuera del servicio de adoración o de una clase bíblica?
2. ¿Cuántas horas invierte normalmente a lo largo de la semana estudiando la palabra de Dios fuera del servicio de adoración o de la clase bíblica?
3. Haga un compromiso de invertir tiempo en la palabra de Dios cada día de esta semana.

8

COMPETENTE
ÉL SABÍA LO QUE HACÍA

Introducción

George Washington, el primer presidente de los Estados Unidos, murió el 14 de diciembre de 1799 a la edad de 67. Había pasado cinco horas cabalgando por su campo el 12 de diciembre y fue sorprendido por una tormenta. Cuando volvió a casa, cenó con sus ropas mojadas para evitar que su invitado tuviera que esperarlo. Los síntomas de fiebre comenzaron al día siguiente, pero Washington insistió en salir de todos modos. Empezó a enfermarse críticamente durante la tarde del 13, y a la mañana siguiente fueron llamados los doctores. A fin de cuentas, muchos creen que el factor clave en la causa de su muerte fue el «tratamiento» que recibió de sus doctores. Ellos desangraron cinco pintas de sangre de su cuerpo (40 por ciento del total que hay en el cuerpo), ampollaron su cuello con cataplasmas, y le dieron laxantes. Las acciones que supuestamente salvarían su vida, en realidad apresuraron su muerte. Los expertos que se suponía que debieron ayudarlo a que sanara, causaron que muriera. Los doctores modernos sienten vergüenza ajena por las acciones de los doctores que trataron al general y presidente.

Pese a lo primitivo y peligroso que resulta ser para los estándares modernos, estos doctores simplemente estaban haciendo lo que se les había enseñado que hicieran. A pesar de sus buenas intenciones, fueron incompetentes. Un hombre, una familia, y una nación pagaron el precio (adaptado de Metaxas 2015, 27). Las buenas intenciones no son suficientes al dirigir. La competencia es una clave para el éxito. Esto es especialmente verdadero para los líderes espirituales. Vidas eternas están en juego.

El Cristo

William Cohen declara:

> Durante la Segunda Guerra Mundial, el Ejército de U.S.A. condujo un estudio para descubrir lo que los soldados pensaban acerca de sus líderes… Preguntaron, «¿Cuáles son los factores más importantes asociados con un buen liderazgo?» La respuesta más frecuente que estos investigadores recibieron fue «que el líder sepa lo que hace» (2010, 25).

Cuando aborda un avión, usted quiere que un piloto sepa lo que él o ella está haciendo. Cuando se sube a un taxi, usted quiere que un conductor conozca la ciudad. La gente seguía a Jesús porque era un hombre de competencia. Él sabía lo que hacía.

Jesús conocía las escrituras

Hay valor en conocer algo de lectura, escritura, y aritmética. Puede ser beneficioso conocer algo sobre agricultura, reparación de autos, o administración financiera. Pero si conocemos todas estas cosas y no conocemos la palabra de Dios, entonces somos ignorantes de la información más importante en el mundo. Vivimos en un mundo en el que las personas tienen poco conocimiento bíblico. Note la siguiente cita de un artículo escrito por Mohler en su sitio web:

Si bien los cristianos evangélicos de Estados Unidos están preocupados con razón por el rechazo de la cosmovisión secular del cristianismo bíblico, debemos prestar atención urgente a un problema mucho más cercano: el analfabetismo bíblico en la iglesia. Este problema escandaloso es nuestro y depende de nosotros solucionarlo. Los investigadores George Gallup y Jim Castelli plantearon el problema directamente: «los estadounidenses reverencian la Biblia, pero, en general, no la leen. Y debido a que no la leen, se han convertido en una nación de analfabetos bíblicos» (Mohler 2016).

Lifeway Research nota lo siguiente:

- «Solo 20 por ciento de los estadounidenses dicen que han leído la Biblia entera por lo menos una vez».
- Solo el 22 por ciento lee su Biblia cada día.
- «Un tercio de los estadounidenses nunca lee la Biblia por su cuenta».
- 47 por ciento cree que «la Biblia es 100 por ciento precisa en todo lo que enseña».
- 51 por ciento cree que «la Biblia fue escrita por cada persona para interpretar como él o ella escoja».
- 45 por ciento cree que hay muchas maneras de llegar al cielo (Braddy 2017).

Si la palabra de Dios le puede «hacer sabio para la salvación» (2 Tim. 3:15), entonces debemos conocerla. Estoy preocupado cuando veo predicadores y maestros que prefieren contar historias en lugar de enseñar la palabra de Dios. Si bien Jesús también contó historias, él definitivamente fue un hombre de Biblia. Jesús creció con padres que ejemplificaban obediencia a la ley de Moisés y lo llevaron a Jerusalén para adorar (Lucas 2:39–43). Tempranamente desarrolló un hábito de estudiar la Ley. Estaba en el templo estudiando a los eruditos religiosos a la edad de doce (Lucas 2:46). Lucas 4:16 nos dice que ir a la sinagoga para estudiar y adorar era un hábito en la vida de Jesús.

Una de cada diez palabras registradas de Jesús, es o bien una cita o una alusión al Antiguo Testamento. J.M. Price nota lo siguiente sobre las enseñanzas registradas de Jesús en los Evangelios: «Durante su ministerio él citó al menos de veinte de los libros del Antiguo Testamento» (1981, 16). El Evangelio de Mateo es un buen lugar para notar el conocimiento de Jesús del Antiguo Testamento. Contiene sesenta y cinco citas/alusiones al Antiguo Testamento, y cuarenta y tres de ellas son citas directas. Cuando Jesús fue tentado en el desierto por Satán, Él respondió diciendo: «Escrito está» (Mat. 4:1–10). Citó Deuteronomio 8:3, 6:16, 6:13, y 10:20 respectivamente. Considere la siguiente evidencia del conocimiento de Jesús acerca del Antiguo Testamento:

- Mateo 8:4—Él está al tanto de la enseñanza de la Ley en cuanto a presentarse uno mismo ante el sacerdote para ser declarado limpio de la lepra (Lev. 13:49; 14:2 ff).
- Mateo 12:3–5—Él se refiere a David comiendo el pan consagrado en 1 Samuel 21:1–6.
- Mateo 15:4—Él cita Éxodo 20:12; Deuteronomio 5:16; Éxodo 21:17; Levítico 20:9 (honra a tu padre y a tu madre).
- Mateo 15:8–9 – Él cita Isaías 29:13 (en vano me adoran).
- Mateo 19:4—Él cita Génesis 1:27; 2:24 (varón y hembra los hizo; dejar a padre y madre).

- Mateo 19:8—Él muestra conocimiento de la enseñanza de Moisés en cuanto al divorcio en Deuteronomio 24:1–4.
- Mateo 19:18–19—Él cita Éxodo 20:12–16; Deuteronomio 5:16–20; Levítico 19:18 cuando menciona cinco de los diez mandamientos (al joven rico).
- Mateo 21:5—Él cita Isaías 62:11; Zacarías 9:9 (el asna y el pollino).
- Mención de los personajes del Antiguo Testamento —En otro lugar se refirió a Jonás (Mat. 12:39–40), el diluvio y Noé (Mateo 24:37–39; Lucas 17:26–27), Sodoma (Mateo 11:24), Moisés (Lucas 24:27), y Abraham, Isaac, y Jacob (Mat. 8:11).

Jesús estudió la palabra de Dios para poder enseñar la palabra de Dios. Nosotros debemos hacer lo mismo. Lucas dijo que los estudiantes en Berea estaban «escudriñando cada día las Escrituras» (Hechos 17:11). Este ejemplo es tan importante para nosotros en la Universidad Cristiana de Heritage que hemos nombrado a la serie de clases bíblicas que producimos para las iglesias: *La Serie de Estudios Bereanos.* ¿Somos como los bereanos? ¿Estamos escudriñando las Escrituras?

Jesús conocía a las personas

Maxwell nota que: «Si tu deseo es ser exitoso y hacer un impacto positivo en tu mundo, necesitas la habilidad de entender a otros» (*Relaciones* 2003, 7). Hay muchas teorías que buscan explicar a los seres humanos y saber cómo interactúan unos con otros. La teoría de los sistemas fue originada en los años 1940. Los científicos empezaron a ver la vida como una serie de sistemas que interactúan. Identificaron ciertos rasgos de tales sistemas, como la resistencia al cambio. La teoría generacional subrayó características de varias generaciones y las repercusiones de la interacción entre las generaciones. Se pueden añadir algunas teorías como la teoría del desarrollo de la personalidad de Erick Erickson, la teoría del desarrollo cognitivo de Jean Piaget, o la teoría del desarrollo moral de Lawrence Kohlberg.

¿Qué tiene que ver esto con Jesús? El punto es que los seres humanos con numerosos títulos de estudio han puesto una gran cantidad de esfuerzo para intentar entender la mente y el desarrollo humano. Jesús no tuvo una licenciatura en sociología, psicología, o ciencia. Ni siquiera tuvo un entrenamiento oficial como rabí judío. Lo que sí tuvo fue el conocimiento que viene de ser el Creador de los seres humanos y de vivir entre los seres humanos como un ser humano. Él nos hizo. "«En el principio era el Verbo, y el Verbo era con Dios, y el Verbo era Dios. Este era en el principio con Dios. Todas las cosas por él fueron hechas, y sin él nada de lo que ha sido hecho, fue hecho» (Juan 1:1−3).

Antes que nada, como Creador y por la ayuda del Espíritu Santo, Jesús conoció los pensamientos humanos y pudo ver a la gente desde lejos. Considere lo siguiente:

> Estando en Jerusalén en la fiesta de la pascua, muchos creyeron en su nombre, viendo las señales que hacía. Pero Jesús mismo no se fiaba de ellos, porque conocía a todos, y no tenía necesidad de que nadie le diese testimonio del hombre, pues *él sabía lo que había en el hombre* (Juan 2:23−25, énfasis añadido).

> Y sucedió que le trajeron un paralítico, tendido sobre una cama; y al ver Jesús la fe de ellos, dijo al paralítico: Ten ánimo, hijo; tus pecados te son perdonados. Entonces algunos de los escribas decían dentro de sí: Este blasfema. Y *conociendo Jesús los pensamientos de ellos*, dijo: ¿Por qué pensáis

mal en vuestros corazones? (Mateo 9:2–4, énfasis añadido; cfr. Lucas 6:8; 11:17; Mateo 22:18).

Cuando Jesús vio a Natanael que se le acercaba, dijo de él: He aquí un verdadero israelita, en quien no hay engaño. Le dijo Natanael: ¿De dónde me conoces? Respondió Jesús y le dijo: Antes que Felipe te llamara, cuando estabas debajo de la higuera, te vi. Respondió Natanael y le dijo: Rabí, tú eres el Hijo de Dios; tú eres el Rey de Israel. (Juan 1:47–49; *cfr.* Juan 4:16–18).

Y señalaron a dos: a José, llamado Barsabás, que tenía por sobrenombre Justo, y a Matías. Y orando, dijeron: *Tú, Señor, que conoces los corazones de todos*, muestra cuál de estos dos has escogido, para que tome la parte de este ministerio y apostolado, de que cayó Judas por transgresión, para irse a su propio lugar. Y les echaron suertes, y la suerte cayó sobre Matías; y fue contado con los once apóstoles (Hechos 1:23–26, énfasis añadido).

Jesús también entendió a los seres humanos porque Él se volvió uno de ellos (Juan 1:14). El autor de Hebreos enfatizó que la humanidad de Jesús ayudó en hacerlo el gran Sumo Sacerdote:

Por lo cual debía ser en todo semejante a sus hermanos, para venir a ser misericordioso y fiel sumo sacerdote en lo que a Dios se refiere, para expiar los pecados del pueblo. Pues en cuanto él mismo padeció siendo tentado, es poderoso para socorrer a los que son tentados (Heb. 2:17–18).

Nació como un bebé humano. Y como tal, tuvo que ser cuidado (Lucas 2:7), tuvo que ser protegido (Mat. 2:13–15), y tuvo que ir a través de un proceso de crecimiento y madurez (Lucas 2:40, 52). Se cansó, estuvo sediento, y hambriento

(Juan 4:6–8). Hubo ocasiones en las que necesitó dormir (Mat. 8:24). Lidió con la ridiculización, la decepción, y el fracaso. Experimentó la muerte y la angustia. Sintió emociones como la compasión (Mat. 14:14), el amor (Juan 11:5), la ira (Marcos 3:5), el gozo (Lucas 10:21), y el duelo (Mateo 26:37–38). Incluso experimentó el asombro (Mateo 8:10; Marcos 6:6) y el pavor (Juan 11:33; 12:27). Pudo relacionarse con las experiencias de aquellos a quienes enseñó (Heb. 4:15). Jesús conocía a las personas porque Él las creó y se volvió una de ellas. Usted podría decir que Él conocía a Sus estudiantes por dentro y fuera. Jesús tuvo un íntimo conocimiento de aquellos a quienes Él enseñó y esto le permitió responder a sus necesidades y problemas.

Jesús Sabía Enseñar

Enseñar no es fácil. Los estudiantes están en diferentes etapas de desarrollo mental, físico, y espiritual. Hay diferencias de género, étnicas, generacionales y socioeconómicas entre estudiantes. Hay barreras de lenguaje y diferencias en estilos de aprendizaje. En una clase típica de la Universidad Cristiana de Heritage, puede que tenga estudiantes que están a punto de cumplir sus veinte años, y puede que tenga ancianos que estén en sus 70. Puede que tenga estudiantes de Albania, India, Rusia, Vietnam, Holanda, o de los Emiratos Árabes Unidos, en adición a estudiantes de todos los Estados Unidos. Tengo estudiantes que están sentados en el salón de clases mientras otros se unen a la clase en línea (y aún otros que están viendo una grabación de la clase cuando llegan del trabajo o como la primera cosa que hacen en la mañana tras levantarse). No puedo tener un solo abordaje en la enseñanza porque no tengo un solo tipo de estudiante.

La enseñanza no esperó sino hasta el siglo veintiuno para volverse un desafío. Tuvo sus propios retos en el primer siglo de igual modo. Jesús vivió en un mundo en el cual tres idiomas tuvieron influencia: el griego, el arameo y, a un menor grado, el hebreo. La gente alrededor de Jerusalén tendía a hablar arameo. La gente alrededor de Galilea mayormente hablaba griego. Jesús tuvo que enseñar en ambos de estos entornos. Cuando hablaba, podía estar hablando en ocasiones a la gente alrededor de Galilea, quienes eran comerciantes y pescadores con poca educación formal fuera de las sinagogas. Durante otro día, podía estar hablando a los escribas y fariseos, quienes dedicaron sus vidas a un estudio de la ley de Moisés. En otras ocasiones, hablaba a los samaritanos, quienes rechazaban todo excepto los primeros cinco libros del Antiguo Testamento y habían instalado su propio lugar y medios de adoración en el Monte Gerizim. Por tanto, Cristo necesitó tener una competencia increíble como maestro para ser capaz de alcanzar a las personas en todos estos escenarios.

¿Hay algunos maestros más interesantes que otros? Creo que todos reconoceremos que sí lo hay. Hay maestros que saben mucha información acerca de su materia, pero en su lugar preferiríamos mirar como se seca la pintura antes que oírlos. Luego hay algunos maestros que tienen esta habilidad especial de conectar con las personas. Jesús era un maestro así. Él sabía el arte de la enseñanza.

La investigación de la enseñanza y el liderazgo de Jesús muestra que Él utilizó una variedad de métodos. Algunas veces utilizó la instrucción verbal (Marcos 1:21-22), pero incluso esta poseía variedad en sí. Porque podía utilizar oraciones desafiantes (*cfr.* Mat. 13:3–9), o hacer una pregunta que incitaba a pensar (cfr. Mat. 16:13–15), o pintaba un cuadro de palabras (Mat. 5:6), contaba una historia (Mat.13:3–9), o daba una lección con el uso de objetos (Marcos 9:36–37).

Utilizaba el juego de roles en su enseñanza. En Juan 6 preguntó a Felipe de dónde habían de comprar pan para alimentar a la enorme multitud que tenían que venir para oírlo predicar. Jesús no estaba preguntando esto porque no sabía dónde comprar comida. Era un método de enseñanza (*cfr.* Juan 6:6). Jesús ya sabía lo que iba a hacer. Tenía la situación completamente bajo control. Quería probar a Felipe poniéndolo en la posición de considerar cómo él hubiese podido manejar la situación. Felipe no tenía nada para alimentar a la gente, pero sí tenía que simular como que tenía algo y considerar, en el proceso, cuánta fe tenía en Cristo.

Jesús también utilizó el aprendizaje experiencial. En Lucas 10:1–6, encontramos a Jesús entrenando a setenta de sus discípulos. Les dio guía de cómo debían conducirse y luego los envió en pares. En Lucas 10:17–21 vemos retornar a los setenta y reportar a Jesús lo que había sucedido, y vemos a Jesús dándoles consejos. Este tipo de aprendizaje experiencial es similar a lo que puede verse cuando un domingo por la mañana el maestro habla sobre amar a otros y luego lleva al grupo de su clase a un asilo de ancianos después del servicio de adoración por la mañana. Jesús hizo esto al llevar a sus apóstoles a todo lado que Él iba por tres años. Aprendieron lo que significa seguir las pisadas de Jesús mediante, literalmente, andar en sus pisadas.

El mensaje de los ejemplos arriba es que Jesús conocía el arte de la enseñanza. Utilizó muchos estilos diferentes de enseñanza. Su conocimiento de las Escrituras y de las personas y del arte de la enseñanza le permitieron tomar estas diferentes técnicas de enseñanza y adaptarlas a las necesidades de sus estudiantes y a la situación de la enseñanza para conectar la palabra de Dios a la vida de las personas.

Él sabía trabajar arduamente

Es interesante que Jesús trabajó como un carpintero por muchos años antes de trabajar como predicador. Posiblemente tenía las manos callosas. Su vida como carpintero le pudo haber enseñado a cómo trabajar con el público y a cómo trabajar arduamente. Si no hubiera estado dispuesto a trabajar, no habría durado largo tiempo como carpintero. Acarreó esas lecciones hasta en su ministerio público. Se levantaba temprano por la mañana para orar tras un largo día de trabajo de un día atrás (*cfr.* Lucas 4:40–44; Marcos 1:35). Se tomó el tiempo para tener una conversación espiritual al mediodía con una mujer samaritana cuando estaba cansado, sediento, y hambriento (*cfr.* Juan 4:6). La palabra traducida como «cansado» en Juan 4 se refiere al agotamiento que viene por una ardua labor al punto de estar exhausto (Mounce 2006, 386). Jesús recibía visitantes durante la noche (Juan 3:1–21). Pienso en las palabras de Juan 9: «Me es necesario hacer las obras del que me envió, entre tanto que el día dura; la noche viene, cuando nadie puede trabajar» (Juan 9:4). Jesús estaba considerándolo todo. Estaba dispuesto a poner su vida por sus seguidores (Juan 10:11). Cuando usted esté lo suficientemente comprometido a una causa o un grupo al punto de estar dispuesto a morir por ello, nadie lo tendrá que motivar para que trabaje arduamente.

El cristiano

En tanto que lidiamos con el tema de la idoneidad de Jesús, permítame compartirle dos principios que guían mi vida. El primero es «no deje que nadie trabaje más que usted». Con frecuencia les digo a mis estudiantes: «no pueden cambiar el mundo quedándose en la cama». Usted podrá distinguir la madurez de los estudiantes al ver hasta cuán tarde se quedan despiertos y cuán temprano se levantan (a no ser, por supuesto, que trabajen por la noche y duermen durante el día). Cuando veo a alguien que se queda durante la noche jugando y viendo televisión, y que luego no se levanta para ir a trabajar o ir a la clase a tiempo al día siguiente, veo a un niño, no a un adulto. ¡Usted no puede cambiar el mundo acostado en la cama! Pablo enfatizó la importancia del trabajo en su segunda carta a los Tesalonicenses: «Porque también cuando estábamos con vosotros, os ordenábamos esto: Si alguno no quiere trabajar, tampoco coma. Porque oímos que algunos de entre vosotros andan desordenadamente, no trabajando en nada, sino entremetiéndose en lo ajeno» (2 Tes. 3:10–11). Todos entendemos que hay excepciones para esto, tales como aquellos quienes están físicamente discapacitados, pero el mensaje de Pablo es claro: «Si alguno no quiere trabajar, tampoco coma». Esto debería aplicarse incluso más a los líderes espirituales. La gente no respeta la holgazanería. Si somos holgazanes, la gente menospreciará nuestro ministerio y nuestro liderazgo. No podemos esperar que ellos trabajen si nosotros no estamos dispuestos a hacerlo. No deberíamos ver ningún trabajo como algo que está por debajo de nosotros ni ninguna hora del día como si estuviese fuera de los límites. Debemos liderar a través de un ejemplo de arduo trabajo.

Además, necesitamos recordar quién está trabajando en contra nuestra. Stott cuenta la historia de Hugh Latimer, quien predicó: «El sermón del Arado» en la Catedral de San Pablo el 18 de enero de 1548. En ese sermón, Latimer habló acerca de uno a quien consideraba ser el predicador más diligente de todo Inglaterra. Según él, ¿quién era este? El diablo (Stott 1982, 26–27). Recuerdo una frase favorita que mi padre utilizaba cuando yo de niño intentaba resistir en acompañarlo a un estudio bíblico con un inconverso. Él decía: «¡Hijo, allá afuera hay una guerra, y el diablo nunca se toma un día libre!» Considere las palabras de Pablo a los siervos en Colosa, los cuales eran cristianos: «Y todo lo que hagáis, hacedlo de corazón, como para el Señor y no para los hombres; sabiendo que del Señor recibiréis la recompensa de la herencia, porque a Cristo el Señor servís». (Col.3:23–24; cfr. 2 Cor. 11:23). Como líderes de la iglesia, somos siervos de Dios y de la iglesia. Ambos merecen lo mejor de nosotros.

Un segundo principio que guía mi vida es: «nunca deje de aprender». Esas palabras están impresas en un letrero amarillo pegado a una pizarra de escuela de más de 100 años que cuelga en mi oficina. He estado enseñando a las personas acerca de Jesús desde que tenía diez años. He pasado una vida entera enseñando en congregaciones locales, en conferencias, en talleres, y en campus universitarios. Aún así, aprendo algo nuevo. Para funcionar como profesor en el mundo hoy día, he aprendido a utilizar más programas de computadora, apps, sitios web, tecnologías digitales, plataformas didácticas, y más plataformas de redes sociales de las que pueda contar. Nunca puedo dejar de aprender y debo constantemente intentar nuevas cosas. Pienso en C. Wayne Kilpatrick. Wayne atraviesa sus setenta años y ha enseñado en la Universidad Cristiana de Heritage por más de cuarenta años. Recientemente, lo vi en nuestro nuevo salón tecnológico de clases y lo vi enseñando. Ha tenido que aprender nuevas tecnologías increíbles, a cómo enseñar una clase con estudiantes en el salón de clase y estudiantes que aprenden a distancia. Me impactaron todos los ajustes que ha realizado para hacer de sí mismo un maestro a lo largo de los años. Las circunstancias que rodean al COVID-19 han propulsado incluso más cambios en él. No siempre se le ha hecho fácil, pero aprecio grandemente el simple hecho de que lo está intentando.

Los líderes deben ser aprendices para toda la vida. Permítanme ser franco por un momento y hablar acerca de una cosa que me molesta. Déjenme comenzar diciendo que entiendo bien que mi posición es parcial porque vengo con un antecedente como predicador. Nunca he servido como un anciano (pero he servido como diácono). Dicho eso, aquí está mi frustración: las congregaciones ponen un gran énfasis en que sus predicadores y ministros juveniles sean entrenados, pero ponen poco énfasis en que sus ancianos y diáconos sean entrenados. Muchas iglesias solicitan, por lo menos, un título de dos años de una escuela de predicación, e iglesias de 150 o más miembros frecuentemente solicitan una licenciatura en Biblia de una institución acreditada. Hay congregaciones enormes que quieren que su predicador tenga una maestría acreditada. Veo predicadores y jóvenes ministros que van a conferencias y talleres por lo menos anualmente para crecer como líderes y siervos de Dios. También los veo trabajar bajo un grupo de ancianos y con diáconos que no hacen nada para entrenar y crecer como líderes. No leen libros, no ven videos de entrenamiento, no escuchan libros en formato de audio, no asisten a conferencias o seminarios, y no tienen conversaciones con ancianos y diáconos de otras congregaciones para aprender y crecer como líderes. Quizá no debería sorprendernos que haya un problema de liderazgo en la iglesia.

El conocimiento más importante que pueden tener los líderes espirituales es el conocimiento de la palabra de Dios. Pablo decía de un anciano: «retenedor de la palabra fiel tal como ha sido enseñada, para que también pueda exhortar con sana enseñanza y convencer a los que contradicen» (Tito 1:9). ¿enfatizamos el conocimiento de la palabra de Dios igual que como enfatizamos la habilidad empresarial cuando nombramos ancianos? He escuchado de muchos ancianos piadosos y grupos de ancianos con profundo y perspicaz conocimiento de la palabra de Dios. También he visto grupos de ancianos que conocen poco de la palabra de Dios y confían en que su predicador conozca la Biblia por ellos. Como resultado de esto, es demasiado fácil que los predicadores descarríen a congregaciones enteras. Los líderes espirituales no pueden liderar al pueblo de Dios hacia las metas de Dios a no ser que sepan la voluntad de Dios y su palabra. Los líderes espirituales deben ser líderes competentes. Dios, y el pueblo de Dios merecen lo mejor de nosotros. ¡Los líderes competentes nunca dejan de aprender!

Conclusión

Todos podemos recordar a un profesor de matemáticas de primaria, un profesor de inglés de secundaria, o un profesor universitario que todos querían como maestro. Recuerdo al

Sr.Huccaby. Era mi profesor de química de la secundaria. Estoy seguro que habían otros maestros quienes sabían tanto de química como él. También sé que química no era mi materia favorita. Sin embargo, disfrutaba la clase del Sr. Huccaby. Él sabía lo que hacía. Él conocía la química, y parecía que sinceramente disfrutaba enseñar química. Tenía la habilidad de relacionarse con nosotros y hacer que la química fuese divertida para nosotros. Nos hacía reír. También teníamos el sentimiento de que sinceramente le caíamos bien. En mi último año, votamos por él como maestro favorito. Cuando los líderes conocen su materia, su oficio, y a su gente, acontecen relaciones que cambian vidas.

Preguntas de discusión

1. ¿Cuáles son tres áreas en las que un líder típico necesita crecer y madurar?
2. ¿Por qué se tiene expectativas de que los predicadores tengan que educarse, pero a los ancianos, diáconos, y maestros de clase bíblica, a menudo no se les exige? ¿Son válidas las razones que se ofrecen?
3. Haga una lista de fuentes disponibles para usted que tengan que ver con su área de crecimiento como líder (talleres, conferencias, expertos que usted pueda traer a su congregación para que hablen, libros, videos, sitios web, etc.). Sea específico.

Tarea

1. Lea una fuente o recurso que hable acerca del liderazgo esta semana, y cite tres cosas que logre aprender.

2. Contacte a un líder a quien usted respete y pídale a esa persona que comparta dos o tres principios de liderazgo por los cuales él o ella viven.

9

CON VALOR Y CALMA

ÉL PODÍA DORMIR EN MEDIO DE LAS TORMENTAS

Introducción

WILLIAM COHEN, un general en la reserva de la Fuerza Aérea de los Estados Unidos, declara que: «No hay manera de liderar desde la retaguardia en medio del combate, y tampoco hay manera de liderar desde la retaguardia en la vida corporativa. Tienes que estar "al frente"; donde está la acción» (2010, 89). Continúa diciendo que: «Los empleados no siguen a los líderes que pasan todo su tiempo detrás de escritorios» (Cohen, 2010, 90). Hace poco leí el libro Los Generales (*The Generals*) de Winston Groom, que se centra en los generales Patton, MacArthur y Marshall. Me llamó la atención la frecuencia con la que se ponían en lugares de riesgo. Cohen confirma esa reputación de Patton y MacArthur en particular. Y da el crédito a Patton mientras dice: «Si quieres un ejército que luche y se arriesgue a morir, tienes que subir allí y dirigirlo. Un ejército es como los espaguetis. No puedes empujar un trozo de espagueti, tienes que tirar de él» (2010, 89). Napoleón Bonaparte era conocido por decirle a sus comandantes «marchen siempre hacia el sonido de las armas» (Cohen, 2010, 94).

Los grandes líderes militares tienen esta increíble habilidad de mantener la calma y tomar decisiones críticas aun cuando la muerte y el fuego llueve alrededor de ellos. Debemos recordar que como líderes espirituales estamos comprometidos en una gran batalla contra las fuerzas del mal que van más allá de este ámbito terrestre (*cfr.* Ef. 6: 10–20). Pedro dice que luchamos contra un «león rugiente, [que] anda alrededor buscando a quien devorar» (1 Pedro 5:8). Ser un líder es estar al frente. Y estar al frente es enfrentarse a las armas y a las garras. Se requiere tener valor y calma. Consideremos el valor y la calma de Jesús.

El Cristo

Jesús se enfrentó a incontables situaciones desafiantes: interrupciones (Marcos 2:1–5), preguntas (Marcos 10:17–22), ataques (Mat.19:1–12), falsas acusaciones (Mat. 26:59–64), y rechazo (Juan 6:60–71). Si bien estas situaciones fueron indudablemente dolorosas, Él no dejó que lo apartaran de Su misión. Jesús fue capaz de manejar calmadamente cada una de estas situaciones. Un ejemplo que se halla en Lucas 5 sirve para ilustrar la habilidad de Jesús de permanecer calmado en situaciones difíciles.

Una historia

Lucas 5:17 y el resto de la sección muestran a Jesús enseñando. Al hacerlo, se enfrentó a por lo menos dos problemas. El primer problema fue la *corrupción*. Jesús tenía acosadores. Los fariseos y los maestros de la ley escuchaban cuando Jesús enseñaba. Estaban frecuentemente ahí para encontrar una falta, no para aprender (cfr. Lucas 6:7). Pienso en las veces que en congregaciones locales y en los salones de clase de la universidad, había personas en la audiencia que no estaban ahí para aprender; estaban ahí para notar pequeñeces de entre todo lo que yo decía y así encontrar algo que estuviese equivocado. Ese no es un lugar divertido en el cual estar. Jesús sintió lo mismo todo el tiempo. Y su caso fue peor: sus acosadores querían matarlo.

La gente tiene diferentes maneras de lidiar con el estrés. El ejercicio físico ha sido frecuentemente una de mis maneras para desestresarme. Por muchos años, me desestresaba e intentaba cuidarme físicamente haciendo ejercicio en un gimnasio local de boxeo. El Dr. Hines, un dentista en Columbia, Tennessee, abrió ese gimnasio para sacar a niños en riesgo de las calles. Una de sus reglas era que «se debía pelear con guantes en el ring, no en las calles». Ayudó a una incontable cantidad de jóvenes y mujeres a evitar caminos destructivos. Las sesiones de lucha eran parte de la rutina regular en el gimnasio. Lo que se me hacía interesante era que las personas entraban al ring y luego se la pasaban huyendo el round entero. Tenían tanto miedo de ser golpeadas que no lanzaban golpes. Esto siempre me confundió. No querer ser golpeado es algo sabio, y vaya que lo recomiendo. Sin embargo, si su deseo es ese, no se suba a un ring de boxeo. Los rings de boxeo están hechos para golpear. Las lonas de lucha libre están hechas para pelear. Los campos de fútbol americano están hechos para embestir. Las pistas de hockey están hechas para todo lo antes dicho. El punto es que, si usted no puede recibir un golpe, una llave de lucha libre, un bloqueo, una embestida, o una anotación, no entre al ring, o a la lona, o al campo, o a la pista de juego. De igual manera, los líderes espirituales necesitan entender que ellos no son oficiales de un club social; son comandantes de un ejército espiritual. Ser golpeados, apuñalados, elegidos como blanco, y disparados, es parte de lo que sucederá en este territorio. Nunca me asusté cuando alguien me golpeaba en la nariz al estar en el ring de boxeo. Eso es lo que esperaba al subir. No importa cuán duro sea nuestro intento, habrá personas a las que no le agradaremos. Algunos incluso intentarán herirnos. Los líderes espirituales serán golpeados. Es solamente parte de lo que sucede en este territorio. La forma en la que «nos defendemos» como líderes espirituales, es manteniéndonos enfocados en la misión de Dios y la obra que ha encomendado que hagamos, amando igual que Jesús, y siendo personas de integridad. Pedro desafió a sus lectores para que tuviesen «buena conciencia, para que en lo que murmuran de vosotros como de malhechores, sean avergonzados los que calumnian vuestra buena conducta en Cristo» (1 Pedro 3:16).

Un segundo problema al cual Jesús se enfrentó en Lucas 5 fue la *interrupción*. Jesús enseñó en muchos lugares: sinagogas, campos, laderas y hogares. Jesús enseñaba dentro de un hogar en la historia que estaremos considerando en este capítulo. En la casa, había tantas personas que nadie más podía entrar. Cuatro amigos habían escuchado que un obrador de milagros estaba en el pueblo. Con corazones llenos de esperanza, habían cargado a un amigo mutuo encima de un camastro y lo habían llevado al sanador. Cuando llegaron, estaban indudablemente desconsolados de que no hubiese espacio. Pero esto no los detuvo.

Las casas judías del primer siglo a menudo tenían un techo plano con unas escaleras que subían por el costado de la casa hasta el techo. Los techos a menudo se hacían colocando vigas a lo ancho del edificio y luego vigas más pequeñas (en la dirección opuesta), con leña, tierra y arcilla encima. No era extraño, pues, que brotase hierba en el techo una vez que la lluvia comenzara a caer. Esto solamente servía para fortalecer la estructura. Imagínese que usted está en una de esas habitaciones. Todos intentan estar callados para oír a Jesús. Luego se comienzan a escuchar sonidos que provienen del techo. Sonidos de excavación que se vuelven más y más fuertes, y el polvo y la suciedad comienzan a caer en cascada dentro de la habitación. Eventualmente, Jesús tiene que detenerse, puesto que todos están viendo el techo. Así, aparece la luz y las vigas se quiebran o son removidas. Acto seguido, para el asombro de todos, baja un cuerpo hacia la habitación.

Ahora bien, aquí es donde vemos la calma de Jesús. Piense en todas las cosas en las que Él pudo haberse enfocado. Él pudo haberse frustrado con el hecho de que su mensaje fue interrumpido. En Lucas 4:18, 43, dijo que había venido para predicar. Sin lugar a dudas estaba compartiendo información importante cuando los amigos interrumpieron Su mensaje. Jesús pudo haberse enfocado en la *destrucción*. Recuerde que un techo fue destruido en el hogar de alguien. Posiblemente era el hogar de un amigo o al menos de un conocido. Él pudo haberse molestado por el hecho de que esta familia ahora tenía un agujero a través del cual la lluvia podía caer. Pero estas no fueron las cosas en las que Jesús se enfocó. El texto dice que Él vio la fe de ellos (Lucas 5:20). No vio corrupción, interrupción, o destrucción; vio a cuatro amigos que amaban a su amigo tanto y creían tanto en Él, que estaban dispuestos a desmoronar una casa para que ambos coincidieran.

Su actitud enfocada en la fe sobresale en contraste con la actitud de los líderes religiosos que simplemente hallaba errores, de los cuales hablamos en Lucas 5 y 6. La forma en que manejemos las situaciones serán impactadas a menudo por nuestras actitudes. Es importante notar que el conflicto y las dificultades no causaron que Jesús perdiera su compasión o compostura. Los tiempos difíciles y los ataques de acosadores pueden causar que nos enfademos y endurezcamos, y puede que no prestemos atención a las personas dolidas a nuestro alrededor, quienes necesitan nuestro amor y ayuda. Los tiempos difíciles pueden también causar que nos desanimemos y demos un paso atrás. Cuando los líderes religiosos acusaron a Jesús de hacer lo que solamente Dios podía hacer, Él no dio un paso hacia atrás. Él dijo: «¿Qué es más fácil, decir: Tus pecados te son perdonados, o decir: Levántate y anda?» (Lucas 5:23). Su punto era que ambas cosas solamente podían ser hechas por Dios. Él no se acobardó de la verdad de quién Él es y era. A menudo nos enfocamos en el hecho de que Jesús dijo pocas cosas durante Su juicio. Olvidamos que cuando fue abofeteado, confrontó al que lo golpeaba, preguntando, «Si he hablado mal, testifica en qué está el mal; y si bien, ¿por qué me golpeas?» (Juan 18:23). Aun estando de cara a la muerte, Jesús fue alguien con valor y calma.

Una tormenta

No hay mejor ejemplo de la actitud serena de Jesús que cuando se enfrentó al embravecido Mar de Galilea. Hace años, un predicador invitado en la iglesia de Cristo Christian Chapel en Hatley, Mississippi, hizo la pregunta, «¿Puedes dormir mientras sopla el viento?» Lucas 8 nos dice que Jesús podía hacerlo. El mar de Galilea está hundido en un cuenco de unas trece millas de largo y siete millas de ancho. Mientras yo estaba ahí visitando hace muchos años, quedé sorprendido por el imponente acantilado en el lado oriental del lago. El acantilado se eleva a 1,000 pies en ese lado. Hay suaves colinas que sirven como límite en el lado occidental. El aire cálido del mar Mediterráneo del oeste sopla hacia Galilea y se mezcla con aire más fresco en las colinas. Esta mezcla crea tormentas violentas que los pescadores de abajo en la cuenca de Galilea no pueden ver hasta que las tormentas están sobre ellos. Estar en el lago durante una de esas tormentas sería igual que ser un pequeño chocolate Kiss de Hershey's en una mezcla para pasteles en el tazón de mi madre mientras la batidora está batiendo.

Jesús y los apóstoles quedaron atrapados en ese tipo de tormenta. Era tan desfavorable que los apóstoles pensaron que iban a morir (Lucas 8:24). Piense usted en lo que estaba pasando ahí. Esos eran pescadores. Se habían pasado la vida en el agua. Si los marineros y pescadores experimentados sentían miedo de una tormenta en el agua, yo me habría muerto del miedo. Pero, ¿qué estaba haciendo Jesús en medio de todo esto? Estaba durmiendo. En medio de un torbellino de muerte, ¡Jesús dormía! Este es un ejemplo vívido de cómo Jesús se enfrentaba a la vida en general. Se enfrentó a la vida con tal paz y calma que otros se maravillaban de estas cosas.

Los secretos

¿Cuáles fueron los secretos de Su éxito? ¿Por qué Jesús era capaz de permanecer tan calmado? Hay cinco características que pueden responder a esta pregunta.

En primer lugar, Jesús estaba preparado. La preparación es la primera clave para mantener la calma. Jesús pasó treinta años estudiando las escrituras y aprendiendo de las personas antes de que se encontrara con estas situaciones. Él conocía a las personas, y conocía la palabra de Dios, y ambas se volvieron componentes de su calma.

En segundo lugar, Jesús tenía un entendimiento claro de su misión. Notamos previamente que Jesús tenía un sentido claro de lo que había venido a hacer aquí. Por tanto, Él estaba mejor preparado para manejar los problemas y las dificultades. Sí, Jesús vino para predicar (Lucas 4:43), pero ulteriormente vino para salvar a las personas (Lucas 19:10). Quería que la gente creyera en Él. El acto de predicar era solo un medio para llegar a un fin, no era el fin en sí mismo. La entrada de los cinco amigos puede que haya interrumpido su sermón, pero en realidad aceleró su objetivo de crear fe. Jesús no estaba preocupado por la tormenta en Galilea, en parte porque su misión requería morir sobre una cruz, no sobre una barca. La calma crece a partir de un sentido claro de misión.

En tercer lugar, Jesús tenía un sentido claro de quién Él realmente era y de una ausencia total de orgullo. Su sentido de identidad y humildad le permitieron reaccionar calmadamente ante diversas situaciones. Jesús no estaba intentando ganar favor o aumentar su ego. Simplemente intentaba hacer lo correcto y cumplir su misión.

En cuarto lugar, Jesús entendía sus limitaciones. Esto puede que suene como algo extraño al hablar sobre Jesús. Pero Jesús sabía que no obligaría a nadie a creer, y, por tanto, ciertas personas no lo iban a escuchar. Cuando alguien estaba en desacuerdo, o lo confrontaba, esto no lo tomaba por sorpresa ni causaba que perdiera el control. Los líderes que esperan que todas las personas los sigan están destinados al fracaso.

Encima de todo ello, Jesús puso Su confianza en el Padre. Recuerde las palabras que dijo a los apóstoles "¿Dónde está vuestra fe?" (Lucas 8:25). Jesús sabía que no estaba solo en la barca durante la tormenta. Estaba cómodo en Su relación con el Padre. Sabía que Dios se encargaría de Él.

Hay otros principios que puede que usted haya identificado. Estos son solo unos pocos que pude notar. En adición, recuerde las palabras de Thomas à Kempis: "Mantente en paz primero, y luego serás capaz de pacificar a otros" (à Kempis, 1958, 67). En otras palabras, la calma externa proviene de la calma interna; extienda la paz a otros. Jesús tenía una paz interna que le permitió permanecer calmado en cualquier situación para liderar a otros a través de las tormentas de la vida.

El cristiano

¿Podemos dormir cuando sopla el viento? ¿Tenemos paz cuando las tormentas de la vida dan vueltas a nuestro alrededor? Muchos de nosotros vivimos la vida en constante turbulencia. Somos como una granada de mano, a la cual ya se la ha quitado el pasador de seguridad. Es decir, estamos listos para "estallar". ¿Tenemos en nuestras vidas los cinco elementos que Jesús tenía?

Y, ¿qué hay sobre nuestra preparación? Si uno está bien

preparado, no estará tan perturbado por la corrupción, interrupción, o destrucción. Es la incertidumbre que viene con la falta de preparación que a menudo conduce a avalanchas de duda, miedo y exageración.

¿Tenemos un sentido de propósito? Un sentido de propósito da confianza y dirección a los líderes cuando abordan cada circunstancia. Frecuentemente, las interrupciones inesperadas y los problemas proveen las más grandes oportunidades. El adolescente que interrumpe la clase de secundaria puede que se vuelva el Pedro que dirigirá a miles hacia Cristo, si tan solo permanecemos con calma.

¿Y qué hay sobre nuestro sentido de identidad y humildad? La carencia de identidad puede causar que nos volvamos complacientes con las multitudes. El orgullo puede causar que estemos a la defensiva, que arremetamos, y perdamos el control. Puede que exageremos las cosas a raíz de la falta de confianza o el exceso de orgullo. Es interesante cuán a menudo estas dos cosas están muy estrechamente conectadas.

¿Entendemos nuestras limitaciones? Si vamos a ser líderes exitosos necesitamos entenderlas. Debemos aceptar que no todos estarán contentos con nosotros, y algunos puede que estén en desacuerdo con nosotros. Una vez que hayamos aceptado esto, la aprehensión o el recelo será reemplazado por la calma.

Finalmente, ¿cuán fuerte es nuestra confianza en nuestro Creador? No puedo sino pensar en la reacción de los apóstoles cuando Jesús calmó la tormenta. ¿Quién es este, que aun el viento y el mar le obedecen? (Marcos 4:41). Dudaron al no saber quién estaba en la barca con ellos. Y, ¿qué hay de nosotros? Pedro dijo: «Saludaos unos a otros con ósculo de amor. Paz sea con todos vosotros los que estáis en Jesucristo». (1 Pedro 5:14). ¿Ha notado cuántas veces los libros del Nuevo Testamento concluyen con una oración similar? (2 Juan 3; 3 Juan 15; las cartas de Pablo, etc.). Pienso que los escritores del Nuevo Testamento intentan decirnos algo.

Es un mundo completamente nuevo

En su libro *Canotaje en las montañas* (*Canoeing the Mountains*), Tod Bolsinger cuenta la historia de la expedición de Meriwether Lewis y William Clark al explorar la recién adquirida Compra de Luisiana. Los exploradores habían estado buscando durante más de 300 años una ruta de agua que conectaría el Océano Pacífico con el río Mississippi. Cuando Meriwether Lewis llegó a la división continental después de quince meses de viaje, él y su equipo transportaban canoas. Se supuso durante cientos de años que la tierra al oeste de la divisoria continental era la misma que la tierra al este de la divisoria continental.

Esperaban llegar a la cima de una colina y encontrar una pendiente suave y una ruta de agua agradable y tranquila hacia el Océano Pacífico. En cambio, encontraron millas y millas de las Montañas Rocosas hasta donde alcanzaba la vista. A medida que avanzaban, viajaban a un territorio desconocido y sus canoas eran inútiles (Bolsinger 2015, pág. 24–27).

Bolsinger afirma que:

Al salir del mapa hacia un territorio inexplorado, Meriwether Lewis descubrió que lo que tenía delante no se parecía en nada a lo que tenía detrás, y que lo que le había llevado hasta este punto del viaje no lo llevaría más lejos. Lewis se enfrentó a una decisión desalentadora: ¿Qué haría ahora? Lewis y Clark y su Cuerpo de Descubrimiento estaban buscando una ruta de agua, pero ahora se habían quedado sin agua. ¿Cómo hacer canotaje sobre las montañas? No se puede. Si quieres seguir adelante, tienes que cambiar. Adaptarte (2015, pág. 34).

El autor destacó el estado actual del cristianismo y de cómo este es muy diferente del pasado. El mundo cristiano que está delante de nosotros no es como el que está detrás de nosotros, y debemos estar preparados para dejar a un lado nuestras canoas y adaptarnos. Lo interesante del mensaje de Bolsinger es que fue escrito en 2015, cinco años antes de los eventos trascendentales del 2020. A lo largo de 2020, escuchaba a la gente hablar una y otra vez de «cuando las cosas volvieran a la normalidad». Pero el hecho es que cruzamos una división continental cultural y no hay vuelta atrás. Hacia al lugar donde vamos las canoas no funcionarán. El evangelio sigue siendo el mismo, pero casi todo lo demás es diferente. Algunos de los cambios se necesitaban desesperadamente. El racismo y la intolerancia deben terminarse. Los líderes cristianos han estado callados durante demasiado tiempo. Otros cambios no fueron bien recibidos. La pandemia, los disturbios en las calles y los ataques contra los funcionarios a cargo de hacer cumplir la ley que arriesgan sus vidas, son solo un par de ejemplos de esto último. Nos peleamos sobre llevar mascarillas o no llevar mascarillas, por si las reuniones virtuales eran reuniones reales, y sobre cómo nos sentíamos acerca de ofrendar en línea. Si pensábamos que las cosas volverían a ser las mismas que antes, fuimos ingenuos. Este es mi punto. Nos hemos salido del mapa cultural. El liderazgo en este territorio inexplorado va a ser aún más importante. Requerirá líderes con valor y calma, con la fortaleza de apegarse a la verdad de la palabra de Dios y una voluntad de considerar nuevas formas de compartir el evangelio y conectar con la gente. ¿Tenemos el coraje de dejar nuestras canoas de lado mientras mantenemos nuestras brújulas?

Conclusión

¿Alguna vez ha notado usted cómo un niño es capaz de manejar una tormenta? Cuando el viento azota las ventanas y la lluvia golpea el techo, el niño siempre se despierta asustado, gatea hasta la cama de sus padres, y se echa a dormir.

¿Cuál es la diferencia? Son la misma casa bajo la misma tormenta y las mismas ventanas que siguen traqueteando. Bueno, la diferencia es que ahora el niño está en los brazos de mamá y papá. La calma del niño proviene de la confianza en sus padres. Quizá manejaremos mejor las presiones del liderazgo si confiamos en los brazos de nuestro Padre. Años después de los eventos de Lucas 8, Pedro estaba preparándose para morir. Había sido sentenciado por Herodes para ser ejecutado a la mañana siguiente. Y cuando el ángel llegó para liberarlo de su celda, Pedro estaba dormido (Hechos 12:7). De hecho, el texto dice que el ángel tuvo que tocarlo en el costado para que se despertase. Había aprendido a dormir en medio de su tormenta. Hagamos lo mismo.

Preguntas de discusión

1. Ofrezca ejemplos de ocasiones en el pasado en las cuales Dios lo libró y proveyó para usted o para su congregación.
2. ¿Cómo nos ayudan a enfrentarnos a las dificultades futuras, el rememorar los tiempos pasados en que fuimos librados?
3. ¿Cómo pueden las dificultades en el pasado impactar la manera en la que vemos las cosas en el presente? (Considere Hechos 12).
4. Si usted estuviera escribiendo este capítulo, ¿qué cosas pondría en una lista como principios clave que ayudan a los líderes a permanecer con valor y calma?

Tarea

1. Lea el principio y el final de cada una de las

epístolas del Nuevo Testamento y note cuántas de ellas hablan de la paz.

2. Haga una búsqueda por medio de una concordancia de la palabra «paz» en el Nuevo Testamento. Explore varios pasajes y haga una lista de sus observaciones.

10

COACH (PARTE 1)
ÉL ENTRENÓ A LA SIGUIENTE GENERACIÓN

Introducción

EL ANTIGUO PRIMER MINISTRO BRITÁNICO, Winston Churchill, dirigió su nación a través de uno de los momentos más complicados durante la II Guerra Mundial. Él hizo la siguiente declaración esclarecedora:

> Hay un momento especial cuando una persona es figurativa-mente tocada sobre el hombro y se le ofrece la oportunidad de hacer una cosa muy especial, única para él y adaptada a sus talentos; qué tragedia si ese momento lo encuentra desprevenido o incompetente para el trabajo que hubiera sido su mejor momento (citado en Gangel, 1997, 250).

El Cristo

Jesús se tomó el desarrollo del liderazgo muy en serio. He sido bendecido al poder utilizar La Biblia Maxwell de Liderazgo. La copia que tengo tiene la Nueva Biblia del Rey Jacobo (New King James Version) del texto bíblico. Maxwell ha tomado pasajes y puntos destacados sobre el liderazgo y los ha insertado en secciones relevantes de la Biblia. Él dice que: «el Hijo de Dios invirtió la mayoría de su tiempo en doce, no en mil doscientos. Jesús practicó el axioma: más tiempo con menos personas, es igual a un mayor impacto en el reino» (2007, pág. 1265).

Aquellos que escucharon a Jesús hablar tenían diferentes niveles de compromiso. Se podría pensar de estos niveles como los anillos de un blanco u objetivo. En el anillo externo tendríamos las multitudes de personas que vinieron a Jesús por enseñanza y sanidad. Muchos de estos tenían un bajo nivel de compromiso (cfr. Juan 6:26–27). En el siguiente anillo, tendríamos a los convertidos que llegaron a creer que Jesús era el Cristo (Juan 11:45; 12:11). Cerca del centro del anillo, tendríamos a los discípulos que se comprometieron a viajar lejos con Jesús para ser moldeados y entrenados por Él (como los setenta en Lucas 10:1). Y finalmente, tendríamos en el centro del blanco a los apóstoles, quienes fueron escogidos por Jesús para ser testigos oculares de Su vida, muerte y resurrección y para contar lo que vieron en Jerusalén, Judea, Samaria y en los lugares más remotos de la tierra (cfr. Lucas 6:12–15; Hechos 1:8). A medida que continuamos con nuestros pensamientos, quiero que nos enfoquemos en los dos grupos finales, los discípulos que viajaron y los apóstoles.

Jesús puso a las personas correctas en el bus

En su libro *De buena a grandiosa* (*Good to Great*), Collins subraya que lo que su investigación revela son las diferencias entre las buenas compañías y las grandes compañías. Él declara que:

> Los ejecutivos que movieron las transformaciones de buenas a grandiosas no descubrieron hacia dónde conducir primero el bus y luego consiguieron a las personas para llevarlas hacia allá. No, ellos *primero* consiguieron subir a las personas

correctas al bus (y bajaron a las personas equivocadas) y *luego* descubrieron hacia dónde conducirlo (Collins, 2001, pág. 41).

Vi a mi padre seguir este principio también. Durante su carrera, sirvió como administrador de planta para la empresa Gates Polyflex en Elizabethtown, Kentucky; además sirvió como vicepresidente de la Asociación Nacional de Administración (compuesta por líderes de todo el país); y sirvió como presidente en la Junta de la Escuela Estatal de Kentucky. Una historia sobre mi papá puede que sirva para ilustrar este concepto bajo consideración.

Crecí cerca de la base militar de Fort Knox, así que me congregué con muchos soldados a lo largo de los años. (Por cierto, agradezco a Dios por aquellos que están dispuestos a poner sus vidas en riesgo para defendernos). Un joven que había terminado su carrera militar consiguió un trabajo en la empresa Gates mediante una agencia de empleos. Cuando su trabajo se acabó, mi papá y su equipo crearon una posición que consistía en combinar muchos trabajos a medio tiempo; así, contrataron al joven, pero esta vez a tiempo completo. Un día, cuando estábamos hablando, mi papá me explicó por qué lo hicieron. Él me dijo: «Cuando encuentres buenas personas, no dejes que se vayan por la puerta. Si lo haces, quien los contrate será tu competencia. Así que, si no hay un trabajo disponible para ellas, crea uno. Debes tener buenas personas en tu equipo». Conseguir que la gente correcta «suba al bus» y esté dentro de los asientos correctos, es una de las responsabilidades más importantes de los líderes. Hice de esto una de mis prioridades cuando me volví presidente de la Universidad Cristiana de Heritage.

Mientras pensamos en los anillos de compromiso a los que me referí arriba, Jesús dio a todos los que estaban dispuestos, la oportunidad de subirse al bus de creer y ser discípulos. Con todo, incluso con el amplio grupo de discípulos, parece haber existido algo de entrenamiento especial y de roles ministeriales. Un ejemplo de esto serían los setenta que Jesús envió en Lucas 10:1. Por otra parte, los doce fueron escogidos para estar en el bus apostólico. Aquí hay algunas cosas que noté respecto a los escogidos para que estuviesen en ese otro bus.

Comencemos a notar algunas cosas generales. Él escogió personas a las que conocía o que venían desde un lugar cercano a su pueblo natal. Once de los doce provenían de los alrededores de Galilea (Caná, Betsaida, Capernaúm). Y hay una muy buena posibilidad de que dos de ellos fueran sus primos (Jacobo y Juan).

Él decidió tener algo de diversidad en el grupo. Había muchos pescadores, pero también un publicano, un zelote religioso, y alguien que creció cerca de Jerusalén (a un camino de dos o tres días lejos de los demás apóstoles). Necesitamos ser cuidadosos en no exagerar con todo esto. No debemos decidir, por ejemplo, tener doce ancianos y que once de ellos tengan que vivir cerca. Quizá la razón por la que primeramente escogió gente de Galilea era porque el trabajo principal era ser testigos oculares de su vida y aquellos alrededor de Galilea estaban más expuestos a ello. Puede que esto haya provisto oportunidades para que lo encontraran.

Siendo cuidadosos de no llevar el ejemplo de Jesús demasiado lejos, hay un par de cosas que vale la pena notar. En primer lugar, parece haber esperado un poco de tiempo antes de escoger a los Doce. La mayoría de los expertos piensa que esperó al menos un año después de que inició Su ministerio público. Esto debió haberle dado tiempo para conocerlos.

En segundo lugar, Él oró acerca de la decisión. De hecho, Lucas nos dice que oró toda la noche (Lucas 6:12). Me hubiera encantado ser una mosca sobre una roca para ser capaz de oír esa oración (especialmente cuando se habló sobre Pedro). Y ¿por qué Judas? A fin de cuentas, Jesús tendrá que responder esa pregunta definitivamente para nosotros. No puedo pensar sino en que Dios necesitaba a alguien que preparara el camino hacia la cruz, y el corazón de Judas lo convirtió en el primer candidato. Dios utiliza incluso a aquellos que hacen el mal para llevar a cabo su voluntad (cfr. Faraón).

En tercer lugar, no parece haberle importado los asuntos de posición o de poder. Mateo, por causa de su posición como recaudador de impuestos, habría tenido dinero y algo de influencia entre los círculos romanos. Pedro, Andrés, Jacobo, y Juan tenían lo que sería descrito hoy día como un negocio de pesca de clase media. Tenían múltiples barcas y ayudantes empleados (Lucas 5:7; Marcos 1:20). Fuera de esto, no había poder real o influencia en el grupo (Hechos 4:13). Parece que no había terratenientes acaudalados, ni sacerdotes o reyes.

Finalmente, noto que el enfoque de Jesús parece haber estado en los corazones de aquellos a quienes escogió. Un pasaje clave que sobresale para mí, es Hechos 1:24–25: «Y orando, dijeron: Tú, Señor, que conoces los corazones de todos, muestra cuál de estos dos has escogido, para que tome la parte de este ministerio y apostolado, de que cayó Judas por transgresión, para irse a su propio lugar». Esta petición me dice que, ya sea los apóstoles sabían que el corazón de un apóstol importaba, o sabían que los corazones correctos eran importantes para Jesús, o quizá, que ambas cosas eran verdad. De cualquier manera, le pidieron a Jesús que examinara los corazones de José y Matías. Esto me recuerda las palabras de 1 Samuel 16:7:

> Y Jehová respondió a Samuel: No mires a su parecer, ni a lo grande de su estatura, porque yo lo desecho; porque Jehová no mira lo que mira el hombre; pues el hombre mira lo que está delante de sus ojos, pero Jehová mira el corazón.

Jesús preparó a los pasajeros

No es suficiente conseguir que las personas correctas

suban al bus del liderazgo. Debemos prepararlas para los asientos que ocuparán. Jesús entrenó a los doce antes y después de que fueron escogidos. El Espíritu Santo continuó entrenándolos después de que Jesús volvió al cielo (cfr. Juan 14:26; 16:13). Jesús hizo cuatro cosas para preparar a estos líderes. Los educó, los involucró, los evaluó, y los animó. Nos enfocaremos en una de ellas en esta lección y las otras las abordaremos en la siguiente.

Él comenzó por educarlos

Lo escucharon predicar y enseñar antes que se les diesen trabajos. Él les enseñó de muchas maneras: Charla (Mat. 5:1), parábolas (Mat. 13:36), preguntas para dialogar (Mark 8:27-29), juego de roles (Juan 6:5–6), etc. Su entrenamiento involucró a ambos, para discipulado y liderazgo. Suelo describir el discipulado como el proceso de formar a las personas en la semejanza de Cristo. Eric Geiger y Kevin Peck hicieron una observación interesante en su libro *Diseñado para liderar* (*Designed to Lead*):

> Jesús no divorció el desarrollo de liderazgo del discipulado. Mientras invertía en los doce, los 'discipulaba' continuamente mientras los desarrollaba simultáneamente para que fueran líderes. Si bien puede ser útil ver el desarrollo del liderazgo como un discipulado avanzado o un subconjunto del discipulado, es perjudicial ver el desarrollo del liderazgo como algo distinto del discipulado (2016, pág. 153).

Pienso en un comentario que mi amigo y antiguo colega Stan Mitchell hizo acerca de la prioridad del discipulado en su libro *Equipando a los santos para el ministerio* (*Equipping the Saints for the Ministry*). Él declaró: «No hay equipamiento sin compromiso» (Mitchell, 2010, pág. 25). Antes de que los cristianos puedan ser equipados para el ministerio, deben ser discípulos comprometidos de Jesús. Recuerde que los apóstoles fueron escogidos de entre un amplio grupo de discípulos que viajaron con Jesús (cfr. Lucas 6:13; Hechos 1:21–22). Oyeron las enseñanzas de Jesús sobre la naturaleza del reino de Dios y qué significa vivir como ciudadanos de ese reino (cfr. Mt. 5–7; Lucas 6;13). También recibieron entrenamiento específico sobre qué significa ser líderes espirituales (cfr. Mat. 20:20–28). Los líderes de Dios deben saber ambas cosas, cómo vivir como el Cristo (discipulado) y cómo liderar como el Cristo (liderazgo).

El cristiano

Ahora pensemos sobre cómo esto se aplica a nosotros. Cuando pensamos en el ejemplo de Jesús, debemos recordar que necesitamos creer y ver lo mejor que hay en las personas. Jesús vio aquello en lo que Pedro podía convertirse, no en lo que era. Nuestra meta como cristianos debería ser edificar a la gente y no destruirla (cfr. Ef. 4:29–32). Los líderes tienen una responsabilidad especial para equipar y entrenar a obreros para Cristo y ayudar a formarlos a la imagen del Salvador (Ef. 4:11–16). En su libro *Desarrolle los líderes que están alrededor de usted* (*Developing* the *Leaders Around You*), Maxwell dice: «la mayoría de las personas creen que cada nueva generación de líderes nace en vez de desarrollarse. Piensan que salen del vientre materno como líderes y que sencillamente esperan hasta que crecen lo suficiente para tomar su legítimo puesto en la sociedad» (1995, pág.197). La realidad es que los líderes necesitan ser desarrollados. ¿Qué estamos haciendo como líderes para desarrollar a los líderes del mañana?

Pedro y Juan se convirtieron en líderes porque Jesús los animó y los preparó. ¿Nos enfocamos en el pasado de las personas o en su potencial? ¿Estamos invirtiendo en el desarrollo de líderes? Si es así, ¿cómo estamos desarrollando a esos líderes? Geiger y Peck declaran que:

Los líderes son desarrollados en tanto que el **conocimiento** (verdad), las **experiencias** (posturas), y el **entrenamiento** (líderes) converjan. Todas estas tres cosas son esenciales para que un líder sea desarrollado. El conocimiento es lo que los líderes deben aprender y saber. Las experiencias conllevan las oportunidades continuas para servir y poner el conocimiento en práctica. El entrenamiento ocurre cuando un líder que pastorea aplica el conocimiento y la experiencia con un nuevo líder (2016, pág. 163).

Estos tres elementos son consistentes con lo que notamos sobre el entrenamiento de Jesús para con los doce. Nuestro Señor subió a las personas correctas al bus y luego los educó (conocimiento), los involucró (experiencias), y los evaluó/animó/empoderó («coaching» o preparación). ¿Cómo se ven estos en nuestras iglesias?

¿Estamos subiendo a las personas correctas en los asientos correctos?

Necesitamos a las personas correctas en el bus

En Capacitación 101, Maxwell declara: «hay algo mucho más importante y escaso que la habilidad: la habilidad de reconocer la habilidad» (2003, pág. 37). Agregaría que existe una necesidad aún mayor de reconocer espiritualmente, o la relación y la encarnación de Jesús. Necesitamos líderes desesperadamente. Pero lo único peor de no tener líderes es tener líderes impíos en la iglesia del Señor. Como el hermano J. W. McGarvey dijo cierta vez: «un lobo muy pequeño con atuendo de oveja puede dispersar a un enorme rebaño de ovejas» (2010, pág. 35). ¿Nos aseguramos de que los líderes estén viviendo vidas piadosas y conozcan la palabra de Dios, o nos enfocamos más en el carisma y los recursos financieros? Apresurarse en poner personas dentro de las posiciones claves del liderazgo puede tener severas consecuencias. Pablo enseñó que los ancianos deben ser «aptos para enseñar» (1 Tim. 3:2; cfr. Tito 1:9). Santiago dijo que los maestros recibirán «mayor condenación» (Santiago 3:1). Un gran poder conlleva una gran responsabilidad. Tal vez por eso es que Pablo dijo que los diáconos debían ser probados para ver si son irreprensibles antes de nombrarlos en sus roles (1 Tim. 3:10). Mi amigo, Jerrie Barber, recomendó, por ejemplo, que las esposas y los hijos de ancianos potenciales deberían ser entrevistados, y que estas entrevistas deberían conducirse separadamente del esposo/padre (Barber, 2015, pp. 95–96). La administración del hogar es una característica clave de los ancianos (1 Tim. 3:3-5). Estas entrevistas dan conocimiento profundo del carácter de ambos, el potencial anciano y la familia.

Ahora, permítanme enfatizar que nadie será perfecto. He visto congregaciones e individuos que intentan sujetar a potenciales ancianos y diáconos a estándares que son completamente irrazonables. Pablo dice que los ancianos deben ser irreprensibles (Tito 1:6–7), pero no significa que han de ser perfectos. Recuerde que solo una persona perfecta ha caminado sobre este planeta. Habiendo dicho eso, quiero enfatizar que debemos asegurarnos de que estamos nombrando ancianos piadosos y que ellos continúen siendo piadosos después de ser nombrados.

Pablo también dice que los ancianos tengan «buen testimonio de los de afuera» (1 Tim. 3:7). ¿Tenemos en cuenta la perspectiva de la gente respetada en la comunidad cuando nombramos líderes? ¿Hacemos revisión de antecedentes sobre los ancianos, diáconos, predicadores, y maestros de clases bíblicas? Frecuentemente animo a los ministros juveniles a que obtengan revisión de los antecedentes de todos los que trabajan alrededor de sus jóvenes. Los campamentos con los que trabajo ahora lo requieren. Necesitamos asegurarnos de que estamos subiendo a la gente correcta al bus.

Tenemos que asegurarnos de subir a las personas correctas en los asientos correctos

Mencioné antes que una de mis primeras prioridades cuando llegué a la Universidad Cristiana de Heritage era asegurarme de que tuviésemos a la gente correcta en el bus y en los asientos correctos. Había un par de presidentes con experiencia que me dijeron que debía iniciar básicamente desde cero con nuevos empleados si quería ser exitoso. Estos presidentes, y otros, también me dijeron que necesitaba aclarar la visión de la universidad y asegurarme de que los empleados estuviesen comprometidos a esa visión.

Escogí seguir el segundo consejo, no el primero. Para usar una analogía marítima, necesitaba saber cuáles empleados eran velas para nuestro barco, y cuáles eran anclas que nos frenaban. Descubrí que teníamos un increíble grupo de personas que trabajan para la escuela que estaban desinteresadamente comprometidos con nuestra misión. Eran velas, y no anclas. Sin embargo, sentí que algunas de las velas serían más efectivas si estuvieran en una parte diferente del barco. Volviendo a nuestra analogía del bus, eran las personas adecuadas para tenerlas en el bus, pero tal vez algunos no estaban en el mejor asiento para el conjunto de sus habilidades. Cuando los tuvimos en la posición correcta, florecieron, y la universidad fue bendecida.

Recuerdo que cuando mis hermanos y yo éramos niños, teníamos uno de esos juguetes de Tupperware, que era una bola para clasificar formas. La mitad de la bola era roja, y la otra mitad azul. Estaba vacía por dentro con muchas piezas amarillas de diferentes formas: una estrella, un círculo, un cuadrado, etc. Cada mitad de la bola tenía una palanca amarilla que usted bien podía utilizar para desarmarla de modo que las piezas cayesen fuera. Había aberturas en los lados de la bola que eran consistentes con las piezas formadas: una estrella, un círculo, un cuadrado, etc. Pasábamos horas sacando y empujando las formas a través de la abertura correcta y abriendo la bola para verter las formas y hacerlo todo de nuevo. Es ahí donde aprendí que no se puede introducir una forma cuadrada en un agujero redondo.

Por alguna razón, hemos luchado para resolver esto en el trabajo de la iglesia. A veces elegimos áreas de ministerio porque escuchamos que otra congregación lo estaba haciendo y pensamos que sería bueno hacerlo. Es posible que no consideremos si realmente se necesita en nuestra área. El hecho de que un ministerio esté de moda no significa que sea lo mejor para todas las comunidades. A veces realizamos ministerios simplemente porque siempre lo hemos hecho, sin considerar si todavía son necesarios o efectivos. A veces, cuando asignamos diáconos o maestros de clases bíblicas, colocamos a alguien en un área de ministerio simplemente en función de su disponibilidad y/o el hecho de que tenemos un puesto vacante y solo necesitamos a alguien para que lo llene, ya sea que encajen bien o no. Antes de continuar, permítanme enfatizar que las personas pueden y deben ser presionadas. La gente puede aprender cosas nuevas. Los líderes pueden desarrollar nuevas pasiones. Regularmente vemos líderes en las escrituras haciendo esto (cf. Moisés). Sin embargo, me gustaría sugerir que en lugar de simplemente incluir a los diáconos en un ministerio porque necesitamos a alguien en un lugar, tal vez los ministerios y los diáconos serían más exitosos si consideramos las experiencias, capacidades y pasiones de quienes podrían liderarlos. Tal vez nosotros deberíamos trabajar en poner formas redondas en agujeros redondos.

Las áreas de ministerio en las congregaciones locales deberían crecer a partir de la necesidad, oportunidad, y capacidad. No es extraño escuchar de alguien hablar sobre la necesidad de ser culturalmente conscientes. Me gustaría añadir que los líderes necesitan ser conscientes a nivel comunal y congregacional. Si conocemos la cultura, la comunidad y la congregación, entonces podemos diseñar ministerios que cubran necesidades, tomen ventaja de las oportunidades y utilicen las capacidades, experiencias y pasiones de los miembros.

He trabajado en algunos lugares increíbles y con algunas personas maravillosas. También he optado, a veces, por irme de algunos de esos lugares porque la visión que el liderazgo tenía para mi trabajo me impedía hacer las cosas que más me apasionan. En cualquier área de trabajo, usted hará cosas que no le apasionan tanto, pero las hará porque se lo pidieron sus líderes, o usted sabe que es importante o necesario. Los trabajadores no necesariamente deben entusiasmarse con todo lo que se les pide que hagan. La mayoría de los trabajadores aceptan esto. Lo que tronchará la permanencia de ellos no es llegar a hacer cualquier cosa que les apasione o no llegar a hacer lo que más les apasiona. Sería prudente que las iglesias no sólo consideren las necesidades de las comunidades y de la congregación al desarrollar ministerios y nombrar líderes ministeriales, sino también que consideren las pasiones y capacidades de los potenciales líderes. Poner formas redondas en agujeros redondos. Asegúrese de que todos en el bus estén en el asiento correcto.

¿Estamos preparando a los pasajeros?

La preparación del liderazgo necesita ser parte del ADN de cada congregación de la iglesia del Señor. Mi disertación llevó el título «Un Estudio Intercultural de Factores que Motivan a Estudiantes del Ministerio a Entrar al Ministerio». Observé a estudiantes de la Biblia de veinte escuelas en la hermandad en cuatro diferentes países: Los Estados Unidos de América, Panamá, India, y Nigeria. Quería saber cuáles eran los factores que los motivaban a querer ser líderes/maestros en la iglesia del Señor. A los estudiantes les fueron dados veinte factores potenciales que podían escoger. Los estudiantes podían hacer una lista de más de una influencia. Aquí están las quince influencias principales de los estudiantes en los Estados Unidos:

1. Un deseo de ayudar a las personas (85.2 por ciento).
2. Un sentimiento de que Dios les dio dones/habilidades que deberían utilizar (77.6 por ciento).
3. Una preocupación por aquellos que están espiritualmente perdidos (71.4 por ciento).
4. Dios ha utilizado eventos en sus vidas para llevarlos hacia el ministerio (65.5 por ciento).
5. Experiencia previa en el ministerio (pasantías, etc.) (57.9 por ciento).
6. Influencia familiar (49.5 por ciento).
7. Influencia del ministro de jóvenes (42.4 por ciento).
8. Influencia del predicador (39.9 por ciento).
9. Enseñanza en la congregación (39.5 por ciento).
10. Entrenamiento fuera de su congregación (campamentos, etc.) (38.8 por ciento).
11. Un deseo de contrarrestar la falsa enseñanza (38.2 por ciento).
12. Un líder fuera de su congregación (38.2 por ciento).
13. Un sermón que oyeron (38.2 por ciento).
14. Algo que leyeron en las escrituras (34.9 por ciento).
15. Un adulto en la congregación (que no sea un anciano, diácono, predicador, ministro de jóvenes, o maestro) (34.5 por ciento).

Se pueden hacer varias observaciones a partir de esto. En primer lugar, estos estudiantes decidieron entrenarse para el ministerio debido a motivaciones internas. Esto es claro en los cuatro factores principales en nuestra lista. Estaban motivados por la preocupación por los demás y el sentido de que Dios les había dado habilidades y oportunidades de ser líderes para Dios. Los factores 1–4 probablemente surgieron de los factores 5 y los que le siguen. Combinemos lo que reveló el estudio con la práctica de Jesús de educar a sus apóstoles.

Educación

¿Cómo inculcamos los principales cuatro factores arriba en los estudiantes de la Biblia para que estén motivados a ser líderes espirituales? Mi investigación identificó tres áreas clave donde esta educación toma lugar: el hogar, la congregación y el campamento.

En el hogar

Mi investigación reveló que las personas más importantes que influyeron en las especialidades bíblicas fueron los miembros de la familia, especialmente los padres. En su estudio histórico sobre la retención de la fe en adolescentes que se describe en el libro *Buscando Almas* (*Soul Searching*), Christian Smith y su equipo llegaron a la siguiente conclusión primaria:

> Contrario a los estereotipos culturales popularmente equivocados y las frecuentes percepciones erróneas de los padres, creemos que la evidencia muestra claramente que la influencia social más importante en la vida religiosa y espiritual de los adolescentes son sus padres (Smith, 2005, pág. 261).

Mi investigación reveló que casi la mitad de los estudiantes de Biblia dijeron en el estudio que se estaban entrenando para el ministerio en la iglesia por causa de sus familias. Las familias influyeron en ellos más que nadie. El desarrollo del liderazgo comienza en el hogar. A menudo les digo a los padres que, si están preocupados porque no hay suficientes líderes y predicadores en la iglesia, entonces deberían hacer algo al respecto. Ellos son los que tienen más poder e influencia. Lo que ellos hablen y valoren será lo que sus hijos hablen y valoren. Lo que ellos pongan en práctica será lo que sus hijos pongan en práctica. Por ejemplo, Wesley Black investigó las razones por las que los adolescentes abandonan la iglesia después de dejar el grupo de jóvenes e informó de sus hallazgos en un artículo titulado «Deteniendo la deserción escolar» en el *Christian Education Journal.* Él observa que, «Los adolescentes cuyos padres estuvieron involucrados en tres o más roles de liderazgo voluntario tendían a ir más a la iglesia durante sus años de jóvenes adultos» (Black 2008, pág. 34).

En la congregación

Mi disertación también reveló la influencia de lo que los estudiantes leen en las escrituras y oyen en sermones y clases bíblicas. Lo que predicamos y enseñamos de la palabra de Dios importa. Lo que ellos escuchan sobre el rol de los ancianos y diáconos, por ejemplo, debería no solamente venir de una lección que se dio una semana o dos antes de que la congregación nombre nuevos líderes. Enseñar sobre los roles de liderazgo piadoso y liderazgo espiritual debería ser algo que se construya en sermones y lecciones de clases bíblicas para que ellos lo escuchen desde que nacen. Los predicadores y directores de educación necesitan desarrollar planes para asegurar que esto ocurra. Nunca serán demasiado jóvenes para que comencemos.

Necesitamos ir más allá del liderazgo en la adoración. Mis padres estaban entre las cinco familias que ayudaron a iniciar una congregación en Lebanon Junction, Kentucky. Debido a que teníamos tantos cristianos nuevos, los varones iniciaron una clase para un grupo de hombres/niños enfocada en liderar dentro de la adoración. Pienso en el hermano Earl Moore. Hablaba tan suavemente que apenas podías oírlo decir su nombre. Fue asombroso ver la transformación que tuvo lugar después de la clase, cuando comenzó a participar en la adoración pública. Tales clases han bendecido a muchas congregaciones y líderes a lo largo de los años. Hay muchos programas organizados ahora para capacitar a los jóvenes para el liderazgo y el ministerio. Desafortunadamente, muchos de estos programas han reducido el liderazgo a liderar en la adoración o a una clase bíblica. Estas son áreas en las que los líderes espirituales lideran, pero el liderazgo espiritual implica mucho más. No necesitamos líderes que solo sepan dirigir el canto; necesitamos líderes que sepan cómo dirigir congregaciones piadosas, cómo llevar a la gente a Cristo y cómo dirigir de manera piadosa en cualquier área de liderazgo en la que se encuentren.

Necesitamos recordar que las damas necesitan ser entrenadas como líderes espirituales también. No me malinterpreten; no estoy diciendo que deberíamos violentar las escrituras y empezar a nombrar mujeres como ancianas, diaconisas y predicadoras. Lo que estoy tratando de decir es que hay muchas arenas en las cuales las mujeres pueden practicar un liderazgo que sea consistente con la palabra de Dios. Los días de damas y los devocionales de damas son comunes en la mayoría de congregaciones. Esto requiere que las demás lideren en los cantos, lean las escrituras, o enseñen la palabra de Dios delante de otras damas. Ellas merecen entrenamiento en estas áreas también. Tal como ya lo he señalado, el liderazgo no se trata solamente de liderar en la adoración. Hay otros escenarios en los cuales las mujeres lideran dentro y fuera de la iglesia. Cuando lo hacen, necesitan saber cómo ser líderes piadosas. ¿Quién invertirá el tiempo en entrenarlas y animarlas?

Los líderes modernos necesitan recordar la importancia de su influencia y ejemplo. Los líderes necesitan asegurarse de que ellos están liderando de manera piadosa si quieren desarrollar líderes piadosos en la congregación. Necesitan dejar un ejemplo de crecimiento como líderes también. Deberían ser conocidos por leer libros, ver videos y asistir a conferencias y talleres para ser mejores líderes. Esto inspirará a otros que estén alrededor de ellos a hacer lo mismo. Deberían estar identificando futuros líderes a quienes ellos puedan animar. Sugiero que todas las congregaciones desarrollen un programa organizado de entrenamiento de liderazgo. Además de ser sistémicos en cuanto a clases bíblicas y sermones, esto podría incluir clases bíblicas especiales para futuros líderes y diáconos, una sección de recursos de liderazgo para la biblioteca de la iglesia (libros, videos, audios), asistir a conferencias y talleres, traer a invitados para que enseñen seminarios, tutoría por parte de líderes mayores, y mesas redondas en donde se presenten líderes experimentados.

En el campamento

La encuesta de mi disertación también identificó el rol del entrenamiento de liderazgo fuera de la congregación (cfr. factores 10 y 12). Mis padres comenzaron a enviarme a campamentos de entrenamiento para predicadores y líderes cuando estaba en la escuela secundaria. Estos tuvieron un profundo impacto en mi vida. Fue en el Campamento de Futuros Ministros en la iglesia de Cristo en Pennington Bend, en Nashville, Tennessee, en Julio de 1982, que tomé la decisión de predicar la palabra de Dios. Más tarde trabajé en el personal de ese campamento, así como en el Campamento de Futuros Ministros de Middle Tennessee, el Campamento de Liderazgo de Horizons en FHU y el Campamento TITUS en HCU. Desde 2010, he estado trabajando bajo la supervisión de la iglesia de Cristo de Forrest Park en Valdosta, GA, para iniciar futuros campamentos de ministros en toda América Latina. Al momento de escribir este libro, Dios ha trabajado a través de Chuck Morris, de mí y de varios de nuestros amigos para iniciar campamentos en diez países de América Latina.

Hoy día estamos planeando agregar nuestro undécimo país. He visto de primera mano la diferencia que este tipo de campamentos, que reúnen a jóvenes y líderes experimentados, pueden hacer en la preparación de los futuros líderes. Las iglesias pueden hacer colectivamente lo que es más difícil para algunas de ellas hacer individualmente.

Conclusión

Un artículo de Associated Press nota lo siguiente: «ocho veces desde 1995, hombres estadounidenses han sido descalificados o fallaron en tomar la batuta alrededor de la pista en las Olimpiadas o en campeonatos mundiales» (Pells 2016). Los equipos de relevo y las empresas deben aprender a pasar la batuta del liderazgo, e igual debe hacerlo el pueblo de Dios. Mientras enseñaba en la Universidad de Freed-Hardeman, les daba a todos nuestros graduados de ministerio juvenil una batuta. Tenía el logo de la universidad, la fecha de su graduación, 2 Timoteo 2:2, y la frase «Es tu turno» grabada en un costado. Quería recordarles su responsabilidad de pasarla a alguien más. ¿A quién pasará usted la batuta?

Preguntas de discusión

1. ¿Qué le fue de mayor ayuda en esta lección?
2. Haga una lista de cosas que su congregación podría hacer mejor para entrenar a actuales y futuros líderes.
3. ¿Por qué cree usted que tenemos dificultades con evaluar en la iglesia?
4. ¿Cuáles son algunas de las cosas que podemos hacer para mejorar nuestro aprecio por nuestros líderes actuales y dar ánimo a los futuros líderes?

Tarea

1. Ancianos—trabajen juntos en hacer una lista de individuos en la congregación que ustedes piensan pueden ser futuros ancianos y diáconos.
   Desarrollen un plan para entrenar y asesorar a esos individuos.
2. Diáconos—Identifique a alguien más joven que usted a quien asesore personalmente para ser diácono.
3. Todos los participantes—Hagan una lista de personas que ustedes piensen serían excelentes mentores de liderazgo. Pregúntele a uno o dos de ellos sí estarían dispuestos a ser mentores suyos.

11

COACH (PARTE 2)
ÉL ENTRENÓ A LA SIGUIENTE
GENERACIÓN

Introducción

EL AUTOR PROLÍFICO DE TEMAS DE LIDERAZGO
y profesor en la Escuela de Negocios de la Universidad de
Michigan, Noel Tichy, hizo la siguiente declaración en el
prefacio de su libro El Ciclo del Liderazgo (The Cycle of
Leadership): «quizá la responsabilidad número 1 de un CEO
es desarrollar a otros líderes que puedan llevar el legado de la
organización» (2002, xxiii). Cada empresa, país, e iglesia, está
potencialmente a una generación de su desaparición. Si el
liderazgo de una generación no prepara a la siguiente generación de líderes, entonces estarán destruyendo el puente que
llevará sus logros e impacto hacia el futuro. Continuemos,
pues, con nuestro enfoque sobre lo que Jesús hizo para
desarrollar a los apóstoles y cómo estas acciones podrían
ayudarnos.

El Cristo

MacArthur declara lo siguiente en su libro *Doce Hombres
Comunes y Corrientes* (*Twelve Ordinary Men*): «Cristo personal-

mente escogió a los Doce e invirtió la mayor parte de su energía en ellos» (2002, 3). Y continúa añadiendo que «El proceso de selección y llamamiento se produjo en diferentes etapas». (MacArthur 2002, 3). Él nota que ellos fueron llamados a la conversión, al ministerio, al apostolado, y luego al martirio (MacArthur 2002, 3–5). Comenzamos hablando de las etapas de desarrollo/compromiso para los seguidores de Cristo en el último capítulo. También comenzamos considerando lo que Jesús hizo para desarrollar a los apóstoles: subir a las personas adecuadas al bus y educarlas en la piedad y el liderazgo. Ahora continuamos nuestro análisis de las técnicas de entrenamiento de liderazgo de Jesús al notar formas adicionales en las que los preparó para el ministerio. Él los involucró, los evaluó y animó, y les entregó las llaves.

Jesús los preparó para el ministerio

En nuestra última lección enfatizamos que una vez Jesús puso a los hombres apropiados en el «bus apostólico», comenzó a prepararlos con educación. En otras palabras, les enseñó a cómo vivir vidas piadosas y a cómo practicar un liderazgo piadoso. Ahora veamos las siguientes etapas en el proceso de preparación: involucramiento, evaluación, y ánimo.

Él los involucró en el ministerio

Él les dio oportunidades para poner en práctica lo que les enseñaba. Pienso en la orientación que da Pablo sobre los diáconos: «Y estos también sean sometidos a prueba primero» (1 Tim. 3:10). Un ejemplo de esto puede hallarse en Lucas 9:1–5. (Hizo algo similar con los setenta discípulos en Lucas 10). Vale la pena notar que dio instrucciones muy específicas sobre lo que debían hacer y no hacer (Lucas 9:3–5; Mat. 10:5–11:1). Las instrucciones en Mateo 10 son mucho más detalladas que las otras en Lucas 9. Cuando vemos estas instrucciones detalladas, hay dos aspectos clave que vale la pena considerar. Antes que nada, Jesús les dio una descripción de trabajo, incluyendo no solamente lo que ellos debían hacer sino lo que no debían hacer (10:5-8). En segundo lugar, les dio protocolos de cómo debían hacer sus trabajos e incluso de cómo lidiar con los problemas (10:9-25). En el proceso, Jesús nos enseñó la importancia de preparar obreros y darles claridad en cuanto a trabajos y protocolos.

Él los evaluó

Jesús los envió en pequeños «viajes misioneros» donde habían de poner su aprendizaje en práctica, y les solicitaba información después, al regresar. «Vueltos los apóstoles, le contaron todo lo que habían hecho» (Lucas 9:10). Vemos que lo mismo sucede cuando los setenta regresaron en Lucas 10:17. Ellos se jactaban, al decir: «Señor, aun los demonios se nos sujetan en tu nombre» (10:17). Jesús los corrigió, diciendo:

> Yo veía a Satanás caer del cielo como un rayo. He aquí os doy potestad de hollar serpientes y escorpiones, y sobre toda fuerza del enemigo, y nada os dañará. Pero no os regocijéis de que los espíritus se os sujetan, sino regocijaos de que vuestros nombres están escritos en los cielos (Lucas 10:18-20).

Los doce y los setenta reportaron el trabajo que habían hecho, y Jesús los evaluó. Hay un refrán entre los círculos de liderazgo: «No puedes gestionar lo que no puedes medir». La evaluación es importante.

Él también los animó

Los animó antes de que se convirtieran en apóstoles. Un ejemplo de ello está en Juan 1. Andrés era un seguidor de Juan el sumergidor, quien había preparado a sus seguidores para volverse seguidores del Mesías. Cuando Andrés aprendió que Jesús de Nazaret era ese Mesías, fue y se lo dijo a su hermano; Simón. Cuando Simón fue llevado a Jesús, el Salvador dijo, «Tú eres Simón, hijo de Jonás; tú serás llamado Cefas (que quiere decir, Pedro)» (Juan 1:42). «Pedro» significa «roca» o «piedra». ¿Se imagina recibir un apodo de parte del Hijo de Dios? Uno de los actores favoritos de mis hijas es el antiguo luchador y jugador de fútbol americano, DeWayne Johnson. Su apodo es «la Roca». Es conocido por su fuerza. Incluso antes de que Simón se volviera un apóstol, Jesús vio fuerza en él. A la luz de esto, le cambió su nombre a «la Roca». Él le llamaba roca toda vez que decía su nombre (en mi mente escucho a una multitud decir, «Rocky, Rocky, Rocky» como en las películas de Rocky). Jesús hizo de Simón una roca. Le llamó roca hasta que se convirtió en una. Las personas a menudo estarán a la altura, o bien vivirán por debajo de la forma en la que les llamemos.

También vemos el ánimo de Jesús en Mateo 10. Ya hemos observado las instrucciones detalladas que Jesús dio aquí. Él aclaró sus trabajos y los protocolos que iban a dirigir sus acciones. Tales protocolos incluían la forma de lidiar con el rechazo y la persecución. Les advirtió que la persecución venía, pero luego los motivó a cumplir con sus deberes como fuese (10:26–42). Cuatro veces en esta sección les dice que no estén ansiosos ni teman (10:19, 26, 28, 31). Jesús corregía a los doce cuando era necesario, pero los animaba constantemente. Esa es posiblemente la razón por la que ellos estaban dispuestos a morir por Él.

Jesús les entregó las llaves

Continuamos con nuestra comparación del «bus» al notar que Jesús entregó las llaves a los apóstoles. Literalmente le dijo a Pedro, «Y a ti te daré las llaves del reino de los cielos» (Mat.

16:19). Esto se cumplió cuando Pedro predicó ese poderoso sermón que llevó a 3000 almas a la conversión en Hechos 2. Jesús les dio poder real y autoridad real. Les dio autoridad sobre los demonios y las enfermedades (Mat. 10:1). Dos veces les dijo: «y todo lo que desatares en la tierra será desatado en los cielos» (Mat. 16:19; 18:18). Cuando Jesús envió a los apóstoles en pares (Lucas 10:1), confió que harían lo correcto. Después de Su muerte, Jesús no envió ángeles para que contaran al mundo de Su muerte y el camino de la salvación. Él envió «vasos de barro» para compartir las buenas noticias (cfr. 2 Corintios 4:7–10; Hechos 1:8). Hubo veces en el ministerio del apóstol Pablo en las cuales Jesús y el Espíritu intercedieron para guiarlo a él y a sus compañeros con direcciones muy específicas (cfr. Hechos 16:6–7). Sin embargo, a menudo Jesús parece haber permitido que Pablo tomase sus propias decisiones con respecto a dónde iría después para expandir el reino. El punto es que Jesús escogió a los hombres apropiados y luego confió en que ellos tomarían las decisiones apropiadas.

El cristiano

Pedro parece haber tenido una habilidad innata para liderar, pero necesitaba trabajar mucho en ello. Necesitaba a alguien que creyera en él e invirtiera en él como líder. Maxwell observa:

> ¿Cuándo fue la última vez que usted hizo más de lo que le correspondía para hacer que las personas se sientan especiales, como si realmente fueran alguien? La inversión exigida de su parte queda totalmente opacada por el impacto que hace en esa persona. Toda persona que usted conoce y con quien se cruza tiene el potencial de ser alguien importante en la vida de otros. Todos necesitan estímulo y motivación de parte suya, que les ayude a alcanzar su potencial (Relaciones 101, 2003, 17).

Inclusión

GEIGER Y PECK notan que «los líderes de la iglesia deben invitar confiadamente a las personas a servir, sabiendo que las oportunidades para servir proveen momentos en los que ocurre el desarrollo» (2016, 174). Continúan en añadir que «las experiencias ministeriales presentan muchos momentos para enseñar, y cuando esos momentos son pastoreados por un líder piadoso, el desarrollo incrementa» (Geiger y Peck, 2016, 175). ¿Notó usted en el capítulo anterior que en mi lista de factores que influyen en la decisión de ser entrenado para el ministerio en la iglesia, la «experiencia previa» era el número 5? Casi el 58 por ciento de los estudiantes en mi estudio dijeron que estaban preparándose para ser líderes porque tuvieron la oportunidad de experimentar el liderazgo siendo jóvenes antes de tomar su decisión. En el artículo de «Detener la deserción» al que me referí en el capítulo anterior, Black observa que «aquellos que dirigieron programas de la iglesia tienen más probabilidades de asistir a la iglesia en calidad de jóvenes adultos» (2008, 35).

Muchas iglesias tienen programas de pasantía de verano para estudiantes universitarios, especialmente en el ministerio juvenil. Permítame añadir que mi deseo es que más iglesias realicen internados en otras áreas del ministerio, especialmente en el área de la predicación. Valoro a mi amigo y antiguo colega, Matt Winkler, por algo que hizo en una congregación en la que trabajábamos juntos. Él condujo una pasantía de verano para muchos de los varones jóvenes dentro de la congregación (la mayoría de iglesias utilizan pasantes de otras congregaciones). Muchos de esos jóvenes varones son líderes hoy día por causa de esas experiencias.

Otra forma en la que usted puede desarrollar liderazgo es buscando aportes. Por ejemplo, la próxima vez que esté en busca de contratar a un ministro de jóvenes o a un predicador, incluya en su comité de búsqueda a algunos adolescentes o jóvenes entre sus veinte años de edad. No solo ganará un aporte valioso, sino que la inclusión de estas voces hará que se desarrollen como líderes. Yo apoyo los programas en los que a un civil se le permite acompañar a un policía durante un día. El orden público utiliza todo el tiempo este método. Me encontré con uno de mis antiguos estudiantes cuando visitaba su congregación y descubrí que era policía. Le pregunté cómo fue que había terminado en ese tipo de trabajo. Él dijo que había sido acompañante de un oficial de policía, y se vieron envueltos en una persecución a gran velocidad. Quedó enganchado. Frecuentemente he llevado conmigo a adolescentes cuando dirijo estudios bíblicos. Hemos dividido a los que asisten a nuestros campamentos de entrenamiento para el ministerio y los hemos designado bajo el cuidado de líderes experimentados. Aquellos líderes luego llevan a los estudiantes a visitar el hospital o a ir tocando puertas en la comunidad para brindar estudios bíblicos. ¿Por qué no invitar a diáconos para que participen en la reunión de los ancianos periódicamente o para ir a visitar a los ancianos de mayor edad? Se me hace alarmante que los nuevos ancianos a menudo participen por primera vez en una reunión de ancianos hasta que ya han sido nombrados como ancianos o cuando son entrevistados para un potencial nombramiento como ancianos. Una de las mejores maneras para entrenar líderes es acercándose a líderes experimentados mientras están liderando.

Evaluación

¿Qué evaluará?

Una regla general en el liderazgo es que usted no puede evaluar lo que no puede articular. La preparación de líderes debe incluir una guía clara (articulación) para los que han sido escogidos para liderar en áreas del ministerio. Uno de los más grandes errores que las organizaciones e iglesias hacen es que no proveen descripciones de trabajo para los papeles clave. En su libro *Orientación y formación de voluntarios* (*Volunteer Orientation and Training*), Wilson advierte: «si tú esperas que los voluntarios defiendan los estándares, tienes que dejar claro cuáles son esos estándares» (2004, Orientación, 31). Aquí hay seis razones por las cuales las descripciones de trabajo son importantes.

1. Es imposible darle a un enorme blanco que nunca ha sido puesto en la mira. Necesita saber a qué quieren los líderes que usted apunte. Esto también ayudará a que los trabajadores prioricen sus acciones. El problema es que muchos líderes no saben qué quieren de sus empleados o voluntarios.

2. Si no hay una, habrá muchas. Si hay un vacío en la descripción de trabajo escrita, descubrirá usted que diáconos y predicadores operan bajo muchas descripciones de trabajo. Que cada anciano tiene una descripción de trabajo diferente en su cabeza, y que la mayoría de los miembros tiene una también. Nadie puede vivir a la altura de todas estas demandas.

3. En la ausencia de algo, se esperará que usted haga todo. Las descripciones de trabajo proveen barreras para que los trabajadores y voluntarios no reciban más y más cargas. Los trabajadores necesitan un tipo de protección para que no se les pida hacer demasiado.

4. Cuando no sabemos quién se supone que debe hacer las cosas, o todos pelean por hacerlo, o nadie lo hace. Tampoco es sano para progresar o para fomentar la unidad y el trabajo en equipo.

5. Será responsable por cosas que nunca se le dijeron que eran importantes. Una gimnasta de olimpiadas sabe exactamente qué es lo que los jueces están

buscando antes de caminar sobre la colchoneta. ¿Se imagina cómo sería jugar un partido de fútbol si ninguno de los jugadores conociera las reglas que los árbitros observan? Desafortunadamente, es así como a veces desempeñamos el liderazgo en la iglesia.

6. La gente se olvida, y los ancianos van y vienen. Este no es un asunto de integridad; es un asunto de memoria. Los ancianos son bombardeados con información. A veces ellos solamente olvidan ciertos detalles. Todos lo hacemos. Esta es una razón por la que siempre he intentado dar un resumen en escrito de cualquier cosa que estoy proponiendo o compartiendo con los ancianos de las iglesias con las que trabajo. También habrá cambios en el grupo de ancianos. Tener minutas de todas las reuniones y descripciones de trabajo por escrito ayuda a los líderes a conducirse con integridad hacia los trabajadores y honrar acuerdos hechos con ellos en el pasado (incluso si cambian los miembros del grupo de ancianos).

Las descripciones de trabajo deberían incluir (1) una clara descripción de las responsabilidades del trabajo, (2) identificación de las áreas de autoridad para tomar decisiones (incluyendo qué derechos tiene el trabajador para gastar dinero), (3) claridad en cuanto a la cadena jerárquica (a quién responden), (4) parámetros en cuanto a la duración del trabajo y cómo ambas partes pueden darlo por terminado, (5) protocolos y principios éticos que guían las acciones del trabajador/líder, y (6) una lista de «a quién llamar» cuando el trabajador tiene necesidades o algo sale mal. Sin descripciones del empleo, el trabajo a menudo queda inacabado.

¿Cómo evaluará?

LAS DESCRIPCIONES DE trabajo y la evaluación van de la mano. Recuerde, usted no puede evaluar lo que no ha articulado. Una vez que las descripciones de trabajo han sido articuladas, entonces ha preparado el camino para una evaluación regular. En su destacado libro *Las cinco disfunciones de un equipo*, Patrick Lencioni identifica como disfunción #4 «evadir responsabilidad» (2002, 189). Todos en la Universidad Cristiana de Heritage son evaluados. Inclusive nuestra junta directiva es evaluada. Cuando evalúo a nuestros vicepresidentes y a mi asistente ejecutivo, la primera sección de la evaluación tiene su descripción de trabajo actual. Las primeras dos preguntas después de la descripción de trabajo son (1) «¿Hay algo que usted esté haciendo que no esté listado en la descripción de trabajo?» Y (2), «¿Hay alguna cosa que usted está haciendo que más bien debería estar haciéndose en otro lugar?» Ambos estamos siendo evaluados aquí. A mí me están evaluando en función de si les brindé una orientación clara sobre sus responsabilidades y si les brindé los recursos que necesitan. Ellos son evaluados en función de cómo llevan a cabo esas responsabilidades. Cuando trabajaba en la Universidad Freed-Hardeman, mi supervisor inmediato me evaluaba todos los años y mis alumnos lo hacían en cada clase.

Desafortunadamente, la evaluación rara vez ocurre en las congregaciones (excepto cuando los ancianos evalúan ocasionalmente a los predicadores/ministros de jóvenes). Recomendaría que haya algún tipo de evaluación anual o al menos semestral de diáconos, predicadores, personal de oficina y maestros de clases de Biblia. Hay muchas maneras en que esto podría suceder, pero debería suceder. Usted podría hacer que alguien los observe, podría tener una entrevista anual, podría hacer que completen un informe sobre lo que hicieron durante el año, podría pedir planes de lecciones a los maestros de la clase bíblica o podría hablar con los estudiantes en sus clases. Podría dar a los líderes de la iglesia un formulario en el que enumeren las cosas que hicieron para mejorar en su área de trabajo el año pasado, una cosa que hicieron que funcionó bien, un área en la que necesitan mejorar y lo que planean hacer en el futuro, en el próximo año para crecer como líder. Yo solía entregar una «encuesta de sermones» periódica a las iglesias con las que trabajaba. Podían hacerse preguntas tales como: «¿Qué pregunta le gustaría que fuese abordada en un sermón o en una clase?», «¿Qué libro de la Biblia has estudiado menos?» o «¿Cuál es tu versículo favorito?» También incluía preguntas como: «¿Qué es lo que hago al predicar que te gusta?» o «¿Qué es lo que hago al predicar que te gustaría que hiciera de otra manera?» Ningún grupo de ancianos me pidió que hiciera esto. La mayoría pensó que estaba loco por invitar a la gente a criticarme. Pero yo lo hacía porque me hacía un mejor predicador. Nuestros vicepresidentes en HCU saben que soy evaluado por la junta directiva. También hay una encuesta enviada a todos los empleados cada dos años que les permite hacerme una evaluación. He compartido con mi equipo de liderazgo las cosas en las que la junta directiva quiere que trabaje. La transparencia es importante en el liderazgo. Les dije que no era justo para mí identificar cosas en las cuales ellos tenían que trabajar y que no supieran las cosas en las que a mí se me solicitaba trabajar. Nadie debería estar exento de ser evaluado.

Esto incluye a grupos de ancianos. ¿Tienen las congregaciones algún mecanismo en su lugar para verificar que los ancianos (y diáconos) sigan siendo calificados? Solamente porque estaban calificados al ser nombrados no significa que permanecerán siempre así. Ser un anciano no es un título honorario que se lleva de por vida. Es un término descriptivo para un hombre piadoso que sirve en un cuerpo de líderes piadosos que han sido nombrados por la congregación (y sellados por el Espíritu, Hechos 20:28; Efesios 4:30) para guiar al pueblo de Dios en dicha congregación hacia las metas de

Dios para la gloria de Dios. Cuando ya no vive una vida piadosa (pecado habitual y no arrepentido), o ya no es capaz de liderar al pueblo de Dios hacia las metas de Dios para la gloria de Dios (debido a la edad, enfermedad a largo plazo, etc.), él no debería ser considerado más como un anciano de la congregación. Si un anciano cae dentro de una de estas categorías, entonces debería retirarse. No debería forzar a la congregación a que tome una acción.

Es importante recordar que nadie es perfecto. Esto incluye a ancianos. También debemos recordar que los criterios para evaluar están en la palabra de Dios: 1 Timoteo 3, Tito 1 y 1 Pedro 5 en particular. Solo porque un grupo de ancianos tomó una decisión con la que los miembros no estuvieron de acuerdo no es motivo para quitarlos (a menos que la decisión viole la palabra de Dios). Además, algunos líderes son más fuertes que otros. Ser un líder débil no es lo mismo que ser un líder impío (puesto que un líder débil puede trabajar para mejorar). Las características dadas por Pablo se enfocan en la integridad y la conducta piadosa. El punto sigue siendo el siguiente: sólo porque alguien fue calificado al ser nombrado, no significa que permanezca siempre calificado.

A la luz de esto, tiene que haber algunos medios para que los miembros evalúen la sanidad bíblica y la piedad de sus líderes existentes sin dejar de honrarlos debidamente como líderes. Los dos mejores pasajes para guiarnos en el tratamiento de ancianos rebeldes son Mateo 18:15–20 y 1 Timoteo 5:1–2, 17–22. Algunos principios clave recogidos de estos pasajes, especialmente de 1 Timoteo 5, serían: (1) respeto y aprecio para con los ancianos, (2) debe haber evidencia y múltiples testigos, (3) no debería haber prisa para juzgar (cfr. «No impongas con ligereza las manos a ninguno, ni participes en pecados ajenos»), (4) El proceso debería ser guiado por los que sean espiritualmente maduros (Pablo estaba hablando a su colaborador, Timoteo) y (5) los ancianos han de recibir una oportunidad para arrepentirse y cambiar (cfr. «persiste en pecar», 1 Tim.5:20).

He oído de congregaciones que tienen la práctica de reafirmar ancianos periódicamente. Hay beneficios y peligros en esto. Un beneficio, en mi opinión, es que crea una forma regular, ordenada, y menos confrontativa para determinar si los miembros aún siguen cómodos con las cualidades bíblicas de sus líderes. También implica algunos peligros. Mi amigo J.J. Turner nos recuerda que hagamos uso de cautela aquí (Turner, 2005,101). Haríamos bien en prestar atención a su advertencia. Sin embargo, no estoy de acuerdo con su valoración de que reafirmar ancianos sea antibíblico. Estoy preparado para decir que algunos métodos de reafirmación son antibíblicos, pero no que el concepto en sí mismo lo sea.

Sabemos que los ancianos han de ser nombrados. Sabemos que deben reunir las características que Dios nos da en 1 Timoteo 3 y en Tito 1. También sabemos que deben continuar sirviendo como ancianos (cfr. 1 Tim. 5). Todas estas cosas requieren algún tipo de involucramiento y evaluación por parte de la congregación. Las Escrituras no nos dan una gran cantidad de detalles específicos sobre cómo esto ha de hacerse. Por ejemplo, no hay un ejemplo bíblico exacto para que se anuncien los nombres de los potenciales ancianos y así pedirle a la iglesia que se comunique con ciertas personas o que pongan sus preocupaciones por escrito durante las próximas dos semanas si ven una razón por la cual alguno de ellos no debería servir como anciano. Creo que esto es bíblico porque es consistente con principios que vemos en las Escrituras (Hechos 6; 14:23; 1 Timoteo 3; Tito 1). De igual forma, reconozco que no tenemos un ejemplo bíblico exacto para reafirmar ancianos cada cinco años. Pero sí sabemos gracias a la Biblia que los ancianos deben permanecer calificados, por ende, debe haber algún tipo de medio para que esto se evalúe.

De todos modos, el hermano Turner está absolutamente en lo correcto al advertirnos de los peligros de la reafirmación.

Esto no debería ser algún tipo de votación a mano alzada por parte de la congregación en la que los miembros voten para sacar a alguien. Hay un peligro real de causar una división aquí. También está el peligro de que ancianos o predicadores hambrientos de poder o deseosos por desquitarse con alguien utilicen esto como un proceso no cristiano (cfr. Turner 2005, 101). No he adorado con una congregación que practica la reafirmación, y no he sugerido que se deba hacer en ninguna congregación. Discuto esto aquí, no por el deseo de promoverlo, sino por el deseo de desafiar a quienes lo practican para que consideren sus motivaciones y vean si el proceso que utilizan es consistente con las Escrituras. Aquí hay algunos principios que he recogido de reflexiones personales y principios que veo en Mateo, Hechos, 1 Timoteo, y Tito.

1. Sería sabio utilizar un sistema similar al proceso por el cual nombramos ancianos en primer lugar. Sus nombres son dispuestos (posiblemente con nuevos ancianos que están siendo propuestos) y a los miembros se les da un período de tiempo para responder. No recomiendo tener algún tipo de votación (esto da a los inmaduros espirituales mucho poder).

2. El proceso debería ser guiado por quienes gocen de madurez espiritual y debería de tenerse cuidado para asegurarse de que no hay conflicto o interés involucrado por parte de aquellos que lideran el proceso.

3. Debería requerirse evidencia. Ninguna acusación vacía debería ser aceptada. Los ancianos deben ser protegidos de ataques abiertos u ocultos. Generalmente hablando, se debería pedir a las personas que firmen con sus nombres cuando hagan acusaciones, y deberían ir a hablar con la persona de manera individual primero (cfr. Mat.

18:15). No obstante, necesitamos tener cuidado en esta área en caso de que haya sucedido un potencial abuso. Puede ser peligroso para alguien abusado enfrentar a su abusador. Las congregaciones necesitan proveer oportunidades para ambas, la parte agresora y la parte agredida, para que ambas sean justa y seguramente escuchadas. El Dr. Bill Bagents y la Dra. Rosemary Snodgrass, profesores de la Universidad Cristiana de Heritage, han escrito un libro llamado Consejería para *Líderes de la Iglesia* (*Counseling for Church Leaders*) el cual yo recomiendo leer.

4. Los ancianos o potenciales ancianos deberían ser respetados y tratados como familia. El amor debería permear este proceso completo.

5. La meta debería ser honrar a Dios y hacer lo que es mejor para Su iglesia y hacer lo que trae gloria a Su nombre.

Los ancianos pueden fomentar confianza en la congregación y mostrar su integridad liderando en el diseño de un sistema por el cual los miembros puedan dar aportes respecto a su solidez.

Ánimo

Jesús no solamente evaluó a los apóstoles; también los animó. Antes de abordar la necesidad de que los líderes tienen que animar a quienes entrenan, quiero enfatizar que los seguidores también necesitan animar a los líderes a quienes siguen. Dios me ha permitido trabajar bajo asombrosos grupos de ancianos a lo largo de los años. Hombres despojados, sacrificiales, y piadosos. Los predicadores a menudo ven a los ancianos haciendo cosas y haciendo sacrificios que nadie más ve. Regularmente animo a predicadores y ministros juveniles a que presuman a sus ancianos en cada oportunidad que sea posible. Asegúrese de que la congregación sepa que usted genuinamente los ama y los respeta. Los miembros a menudo seguirán su dirección. Con frecuencia, los ancianos solo escuchan de los miembros cuando se trata de quejas.

El enfoque de este capítulo consiste en asesorar o entrenar a las siguientes generaciones de líderes. Por tanto, quiero animar a los líderes experimentados a que animen a aquellos que vienen tras ellos. Soy un predicador hoy día por causa de gente como Joe y Dorothy Brothers, Benny Burns, Pete Johnson, Tom Holland, Marlin Connelly, William Woodson, Rodney Cloud, Mike Brumley, Billy Smith, y muchos otros más que me animaron a ser un líder para el Señor. He pasado una gran cantidad de tiempo en este capítulo hablando sobre la necesidad de evaluar en la iglesia. Lo hice, porque es algo que nosotros no hacemos, o que al menos no hacemos bien. No quiero dejar la impresión de que los líderes deberían buscar errores en los demás. Eso está lejos de la verdad. De hecho, he encontrado que los tiempos de evaluación a menudo incluyen mucho más ánimo que corrección. Evaluar no se trata de ser quisquilloso y encontrar errores. Es analizar lo que otros están haciendo para que un líder pueda elogiar lo que está bueno y ayudar a corregir lo que necesita ser mejorado. Animar y elogiar debería ser algo que surja de todo período de evaluación.

De igual forma, animar debería ser parte del proceso diario de levantar futuros líderes. La vida es dura. La gente necesita ánimo. Mi asistente ejecutivo y yo enviamos por año más de 400 tarjetas a personas para animarlas. Cuando estoy en el campus de la universidad, frecuentemente camino por los pasillos para meter mi cabeza en las oficinas de las personas para ver cómo les va, para elogiar el trabajo de ellos, y agradecerles. En mi trabajo con los jóvenes, he visto a muchos que estaban desconsolados porque su primer sermón no salió de la manera en que querían que saliese. Vendrá un tiempo cuando necesiten una guía de cómo mejorar el sermón, pero lo que necesitan inmediatamente es ánimo para seguir intentándolo.

Entrenar líderes y animar es negocio de todos, no solo de aquellos que están en «grandes» posiciones de liderazgo. ¿Notó que más de un tercio de los que participaron en mi encuesta dijeron que querían ser entrenados en el ministerio del liderazgo en la iglesia por causa de un adulto en su congregación? Ancianos, diáconos, maestros, predicadores, y ministros juveniles eran todas las demás opciones en la encuesta. Con todo, dijeron ser influenciados por adultos que no tenían ninguna de estas posiciones. Solo Dios sabe cuántos se han vuelto predicadores a lo largo de los años por causa de una dulce viuda que los animó a predicar después de oír su primer intento flébil en un devocional un miércoles por la noche. Jesús animó a los discípulos, y nosotros debemos hacer lo mismo.

¿Hemos entregado las llaves?

Kara Powell, Jake Mulder, y Brad Griffin hablan acerca del concepto de «liderazgo distribuido» en su libro, *Creciendo Juntos* (*Growing Young*). Los autores condujeron una investigación para determinar qué pueden hacer las congregaciones para mantener a gente joven, entre las edades de 15 a 29, en la congregación. Identificaron diez falacias del crecimiento que la mayoría cree que son verdad. También encontraron seis principios que son fundamentales para que las iglesias «rejuvenezcan». El primer principio en el que hacen hincapié en el libro es «Promueva el liderazgo distribuido: Comparta el poder con la persona adecuada en el momento adecuado» (Powell, Mulder, y Griffin, 2016, 50). Está fundamentado en el concepto de que las llaves simbolizan poder.

Quienquiera que tenga las llaves tiene el poder de dejar entrar o mantener a la gente fuera. Las llaves brindan acceso a un espacio físico, así como a reuniones estratégicas, decisiones importantes y roles centrales o lugares de autoridad. Cuanto más poder tengas, más llaves tiendes a procesar (Powell, Mulder, y Griffin, 2016, 53).

Los autores también afirman que los líderes que distribuyen poder son «intencionales en cuanto a confiar y empoderar a todas las generaciones, incluyendo a adolescentes y adultos emergentes, con su propio conjunto de llaves» (Powell, Mulder, y Griffin, 2016, 53). Cuando le damos a nuestros hijos las llaves del carro, les estamos mostrando que confiamos en ellos, y esto es un paso vital en el proceso de su madurez.

Recuerdo bien el día en que a mi hija menor se le dieron las llaves de la puerta principal del negocio donde ella obtuvo su primer trabajo fuera de la universidad. Eso fue una afirmación de confianza de parte de su empleador. Jesús les dio a los apóstoles confianza y autoridad real. Parece haberlo hecho en fases, en consistencia con su nivel de madurez, pero les dio autoridad. A veces los líderes de la iglesia son reacios en compartir las llaves del poder. Veo esto regularmente en el campo misionero. Creo que una de las razones por las cuales no tenemos más ancianos en ciertos países es porque los predicadores son reacios en desistir al poder (aunque esto de ninguna manera sea la única razón).

Tenemos este problema en los Estados Unidos también. Ser mentor requiere tiempo. En realidad, perderá el tiempo por un buen rato si deja que otros tomen papeles importantes. Sin embargo, si somos pacientes, más trabajo se habrá hecho al final, y más personas serán capaces de utilizar sus dones para gloria de Dios. Un área en particular donde veo renuencia para soltar las llaves del liderazgo es en el trabajo de los diáconos. Si los diáconos no pueden gastar dinero para cumplir con su trabajo, no tienen poder. Si los diáconos no pueden gastar dinero, entonces los ancianos no confían en ellos, y ellos lo saben.

A menudo apuntamos a Hechos 6:1-7 como un ejemplo del rol de los diáconos. No estoy preparado para decir que estos sean los primeros diáconos, pero sí creo que pueden servir como prototipos decentes. Siete hombres fueron puestos a cargo para alimentar a las viudas grecoparlantes, para que los apóstoles pudieran enfocarse en predicar la palabra y la oración. Piense en el tipo de cosas que estos hombres tendrían que haber sido responsables para cumplir su misión: recabar información, construir relaciones, reunir recursos, movilizar y entrenar a obreros, organizar el proceso, evaluar el éxito/los fracasos, dar reportes a los apóstoles de la iglesia, y entregar el dinero necesario para llevar a cabo su tarea. Piense en cómo funcionó el proceso de nombramiento.

Los apóstoles:

- Reconocieron la necesidad.
- Clarificaron las descripciones del trabajo.
- Señalaron los requisitos.
- Designaron un proceso colaborativo para obtener un aporte congregacional.
- Los instalaron y se hicieron a un lado para dejarlos hacer su obra.

El hermano James D. Cox, en su libro *Con los obispos y diáconos* (*With the Bishops and Deacons*), tiene una afirmación poderosa sobre los diáconos en general, y, en particular, respecto a Hechos 6:

El mismo hecho de que son «siervos» dispuestos a estar listos para *cualquier cosa* que se les pida puede que sea la razón por la cual no se hace una mención bíblica más específica de sus tareas. Sin embargo, como en el caso de las viudas griegas desatendidas en Hechos 6, es muy razonable suponer que los apóstoles les permitieron hacer su trabajo. Los hombres fueron «designados sobre este asunto» y fue, con toda probabilidad, organizado por ellos en cuanto a todos los detalles sin los apóstoles. En ausencia de más complicaciones, los apóstoles no tendrían más tiempo ni esfuerzo con la situación (1976, 23–24).

Un refrán que a menudo se repite en círculos de liderazgo en la iglesia dice: «El predicador está haciendo la obra de los ancianos, los ancianos están haciendo la obra de los diáconos, y los diáconos no tienen idea de lo que están haciendo o de lo que se supone que hagan». Esto no sería verdad si los grupos de ancianos pusieran en práctica los cinco pasos listados arriba cuando nombran diáconos. Los ancianos necesitan dejar de hacer el trabajo de los diáconos. La gente está muriendo sin conocer a Jesús, los matrimonios están desmoronándose regularmente, y los enfermos y desconsolados añoran a alguien que sostenga sus manos y les den esperanza. Los ancianos no deberían tener tiempo para sentarse en una sala de juntas y discutir el color de la pintura o de la alfombra. Es tiempo de entregar las llaves. Es bueno tener presupuestos y rendición de cuentas para la obra y los fondos que se han gastado. Aun así, muchas iglesias se ven obstaculizadas en su trabajo y crecimiento porque los diáconos y líderes ministeriales no pueden tomar decisiones independientes y/o deben llamar a un anciano cada vez que gastan dinero en sus áreas de trabajo. Permítanme decirlo otra vez. ¡Si los diáconos no pueden gastar dinero, entonces usted no confía en ellos y ellos lo saben! ¡Si usted no confía en ellos, entonces no los nombre como diáconos! Si nombró diáconos, entonces confíe en ellos para el uso de fondos y que den reporte de lo que han gastado. Si los ancianos no dan las «llaves del liderazgo», no deberían sorprenderse de que sus congregaciones sigan luchando con las mismas cosas aun cuando se hayan ido. ¿Es ese el legado que queremos dejar?

Conclusión

Larry Bossidy, el antiguo CEO de Honeywell, declaró:

> Cuando te jubiles no recordarás lo que hiciste en el primer trimestre .... o en el tercero. Lo que recordarás es cuántas personas desarrollaste, cuántas personas ayudaste a tener una mejor carrera debido a tu interés y tu dedicación a su desarrollo (citado en Tichy, 2002, xxvii).

El gurú del liderazgo Max De Pree enfatiza que los líderes deben dejar recursos y un legado detrás de ellos. En el mundo de los negocios, esto puede traducirse como salud financiera, productos, servicios, herramientas, terrenos e instalaciones. Después añade: «Pero, ¿qué más *deben* los líderes? ¿De qué son responsables los líderes ingeniosos? Ciertamente necesitamos incluir personas. Las personas son el corazón y el espíritu de todo lo que cuenta» (De Pree 2004, 13). Los líderes de la iglesia deben dejar un legado de personas que puedan liderar. Moisés entrenó a Josué, David entrenó a Salomón, Jesús entrenó a los doce, Bernabé entrenó a Pablo, y Pablo entrenó a Timoteo. Pablo le dijo a Timoteo, «Tú, pues, hijo mío, esfuérzate en la gracia que es en Cristo Jesús. Lo que has oído de mí ante muchos testigos, esto encarga a hombres fieles que sean idóneos para enseñar también a otros» (2 Tim. 2:1–2). ¿Quiénes son aquellos «fieles» a quienes estamos pasando nuestra herencia de liderazgo?

Preguntas de discusión

1. ¿Qué se le hizo de mayor ayuda en esta lección?
2. ¿Cuáles son algunos peligros de realizar una evaluación y cuáles son algunos peligros de no realizar una evaluación?

3. ¿Por qué cree usted que las iglesias tienen tan
   pocas descripciones de trabajo en lo que refiere a
   posiciones importantes?

Tarea

1. Haga una lista de todas las posiciones en su
   congregación/compañía que no tengan
   descripciones de trabajo.
2. Si usted está en una posición de liderazgo,
   responda las siguientes preguntas:
3. ¿Qué ha hecho usted en el último año para
   mejorar como líder?
4. ¿Qué hizo usted como líder en este año pasado que
   debería seguir haciendo?
5. ¿Qué hizo usted como líder este año pasado que
   debería cambiar?
6. ¿Qué hará en el próximo año para mejorar como
   líder?

12

CARÁCTER
ÉL VIVIÓ UNA VIDA DE INTEGRIDAD

Introducción

UNA DE LAS cosas más asombrosas que he hecho es convertirme en apicultor. Las abejas son fascinantes. Por ejemplo, una de las formas en que las abejas se comunican unas con otras es danzando. Cuando una abeja forrajera encuentra una buena ubicación para recoger polen, vuelve a la colmena y hace una danza de meneo (las abejas forrajeras siempre son hembras). Básicamente, recrea una «representación en miniatura de su reciente vuelo fuera de la colmena» (Seeley, 2010, 10). La duración de su danza les dice a sus hermanas la distancia del sitio. En general, un segundo representa seis décimos de una milla. El ángulo de su danza les dice a las otras abejas forrajeras en qué ángulo deberían ir fuera de la colmena en relación al sol. Para ilustrar, «si la abeja que hace el meneo se dirige 40 grados a la derecha vertical, su mensaje es, "el lugar de alimentación está a 40 grados a la derecha del sol"» (Seeley, 2010, 11). ¡Le dije que eran fascinantes! Las abejas forrajeras son las de mayor edad en la colonia. Por ello han desarrollado las mejores brújulas internas, las cuales les permiten encontrar su camino de vuelta a casa y comunicar mensajes precisos a sus hermanas. Las abejas jóvenes son más propensas a perderse. No es extraño, pues, que las reinas jóvenes que van de salida en sus viajes de apareamiento sean incapaces de encontrar el camino de vuelta a sus colmenas. Esto sucede porque no han desarrollado su sentido de dirección, sus brújulas internas. Así, los resultados pueden ser mortíferos. Pero, ¿qué hay de nuestras brújulas internas?

He mencionado a los investigadores Kouzes y Posner muchas veces en este libro. Ellos resumen sus hallazgos concernientes al liderazgo de la siguiente manera:

> La cualidad personal más importante que la gente busca y admira en un líder es la credibilidad personal. *La credibilidad es el fundamento del liderazgo. Si la gente no cree en el mensajero, no creerán en el mensaje.* Este hallazgo ha sido tan consistente por más de veinte años que hemos llegado al punto de llamarle La Primera Ley del Liderazgo (2004, 120).

William Cohen identifica esta cualidad que muestra la investigación como la más preciada de aquellos que lideran en circunstancias exigentes y peligrosas. «En términos sencillos, tiene que ver con integridad: el apego a un conjunto de valores que incorporan honestidad y alejamiento del engaño. Pero la integridad es más que pura honestidad. Significa hacer lo correcto a pesar de las circunstancias o inconveniencias para el líder de la organización» (2010, 11). El diccionario de Webster define carácter como «excelencia moral y firmeza» (2002, 376) y define la integridad como «adhesión intransigente a un código de valores morales, artísticos o de otro tipo» (2002, 1174). ¿Actuamos de maneras moralmente excelentes? ¿Tenemos un código/una brújula moral, y proviene ese código/esa brújula de parte de Dios? Abraham Lincoln dijo: «El carácter es como un árbol, y la reputación como su sombra. La sombra es lo que pensamos de algo; el árbol es lo verdadero» (Gross, 1912, 109). Jesucristo es conocido por todo el mundo 2000 años después de su muerte. Consideremos, pues, al majestuoso árbol que arroja tal sombra extensa.

El Cristo

Esta lección se enfocará en el carácter o la integridad de Jesucristo, el que nos enseñó a cómo vivir vidas piadosas. Comenzaremos viendo que Jesús practicaba lo que predicaba. Luego haremos énfasis en este hecho al ver dos escenarios difíciles en los cuales Jesús tuvo la integridad para hacer lo correcto. Venga, camine con nosotros bajo la sombra del carácter de Jesús.

Predicación

Un término clave que usó Jesús en sus prédicas era «hipócrita», *hupokrites* en griego. Se encuentra diecisiete veces en el Nuevo Testamento, y todas las veces sale de los labios de Jesús. *Hupocrites* significa «actor, en el sentido de farsante» (2000, 1038) o «uno que pretende ser otra cosa de lo que realmente es» (Louw y Nida 1989, 766). Notamos atrás que Kouzes y Posner citan a la credibilidad como el rasgo clave del liderazgo. Ellos añaden: «Y conductualmente, ¿qué es la credibilidad? Hemos hecho esta pregunta miles de veces, y la respuesta más frecuente que obtenemos es: «Haz Lo Que Dices Que Harás», o HLQDQH en resumidas cuentas» (2004, 120). Es la idea de que haremos lo que decimos que haremos y que somos quienes decimos que somos. Esto es lo opuesto a un hipócrita. Un hipócrita es alguien que reclama o pretende ser una cosa, pero en realidad es otra. Ello está resumido en la cita que Jesús hizo de Isaías: «Hipócritas, bien profetizó de vosotros Isaías, como está escrito:

> Este pueblo de labios me honra, mas su corazón está lejos de
> mí» (Marcos 7:6; cfr. Isaías 29:13). Jesús repetidamente

ordenó a sus seguidores, «no seáis como los hipócritas» (Mat.6:5; cfr.6:2, 16; 7:5). Pronuncia «ayes» sobre los hipócritas siete veces en Mateo 23. En Mateo 24 dice que los hipócritas estarán en el lugar donde «será el lloro y el crujir de dientes» (Mat. 24:51). El punto es claro. Jesús no quería que su pueblo fuera actor, farsante o impostor. Quería que fueran personas de carácter, credibilidad e integridad.

Práctica

La enseñanza de Pedro en la casa de Cornelio en Cesarea representó un momento crítico en la difusión del evangelio. Después de completar mi licenciatura, pasé un mes en el verano cavando en la arena de Cesarea como parte de un equipo arqueológico dirigido por el Dr. Robert J. Bull de la universidad de Drew en Nueva Jersey. Durante ese período de tiempo, tuve gran interés y asombro por esta magnífica ciudad. Cesarea era la sede del gobierno romano en Judea. Representaba la presencia gentil más grande en una región dominada por los judíos. Fue en el hogar de este centurión romano que Pedro proclamó que todos los seres humanos habían sido declarados «limpios» por Dios y podían aceptar la salvación del Señor. Es interesante notar cómo Pedro presentó a Jesús ante Cornelio, ante su hogar, y ante sus amigos. Pedro describió a Cristo como alguien que «anduvo haciendo bienes» (Hechos 10:38). Cornelio fue un líder de hombres, un hombre de acción. Pedro habló también sobre un hombre de acción a otro hombre de acción. Jesús era un «hacedor». Jesús no enseñó meramente lo que era bueno; se puso a hacer lo que era bueno. Eso es lo que lo separa de muchos otros aspirantes a líderes.

En el libro de Hechos, Lucas, el escritor inspirado, se refiere a su primer libro, el evangelio de Lucas, de la siguiente manera: «En el primer tratado, oh Teófilo, hablé acerca de todas las cosas que Jesús comenzó *a hacer y a enseñar*,» (Hechos

1:1, énfasis añadido). Jesús no solo habló por hablar, sino que también caminó como debía caminar. Practicó lo que predicaba. Es por eso que fue capaz de enseñar a sus apóstoles sobre el servicio y dijo:

> Vosotros me llamáis Maestro, y Señor; y decís bien, porque lo soy. Pues si yo, el Señor y el Maestro, he lavado vuestros pies, vosotros también debéis lavaros los pies los unos a los otros. Porque ejemplo os he dado, para que como yo os he hecho, vosotros también hagáis. (Juan 13:13–15).

Jesús se refirió a sí mismo como el «buen pastor» (cfr. Juan 10:11,14). Esta es una analogía interesante cuando se trata de enseñar. Un ganado bovino es generalmente conducido desde atrás, pero un rebaño de ovejas es liderado por delante. Jesús no solo dijo a las personas cómo andar, Él anduvo a través del valle por delante de ellas y les mostró cómo se hacía. Consideremos ahora la profundidad del carácter de Jesús mientras le vemos practicar lo que predicaba, incluso cuando se trataba de algo privado o doloroso.

Dolor

Martin Luther King, Jr., declaró que: «La medida suprema de un hombre no es dónde se encuentra en momentos de comodidad y conveniencia sino dónde se encuentra en momentos de reto y polémica» (King, 1984, 43). El escritor del libro a los Hebreos dijo: «Porque no tenemos un sumo sacerdote que no pueda compadecerse de nuestras debilidades, sino uno que fue tentado en todo según nuestra semejanza, pero sin pecado» (Hebreos 4:15). Enfoquémonos en la más famosa de esas tentaciones, los desafíos de Satanás, tal como se registran en Mateo 4 y Lucas 4. El registro de Lucas describe una de las tentaciones de la siguiente manera:

Y le llevó el diablo a un alto monte, y le mostró en un momento todos los reinos de la tierra. Y le dijo el diablo: A ti te daré toda esta potestad, y la gloria de ellos; porque a mí me ha sido entregada, y a quien quiero la doy. Si tú postrado me adorares, todos serán tuyos (Lucas 4:5–7).

Esta tentación viene en el período posterior al bautismo de Jesús y al principio de su ministerio público.

Las tentaciones a menudo se presentan cuando uno toma una decisión que es clave para con Dios. Desafío a las personas a las que bautizo en Cristo a que no se sorprendan si Satanás intenta disuadirlos en el futuro próximo. Si usted lee este libro e intenta tomar la decisión de ser un mejor líder, Satanás irá tras usted. Eso es lo que él hace. Porque es un «león rugiente, [que] anda alrededor buscando a quien devorar» (1 Pedro 5:8). Satanás atacó a Jesús en relación con su poder y posición. En su bautismo, el Padre declaró: «Tú eres mi Hijo amado» (Lucas 3:22). Note que dos de las tentaciones comenzaron con la frase «Si eres Hijo de Dios» (Lucas 4:3, 9). Nuestras áreas más fuertes también pueden convertirse en un blanco para la tentación. Si usted es bueno con el dinero, entonces Satanás lo tentará para ganar dinero por medios inmorales, o lo tentará para que el dinero sea la cosa más importante de su vida. Si tiene suficiente confianza para pararse frente a un grupo de personas y compartir la palabra de Dios, Satanás lo tentará en ser orgulloso. Si tiene talento para ayudar a las personas en tiempos de necesidad, Satanás lo tentará a pasarse de la raya en una situación de consejería y que caiga en inmoralidad. Algunos cuestionan si Satanás podría realmente darle a Jesús todos los reinos de la tierra (Lucas 4:5–6). Y si bien Satanás es el padre de las mentiras (Juan 8:44), creo, sin embargo, que estaba diciendo la verdad en este caso. Sabemos que Dios le permite ejercer ciertas libertades en el mundo (cfr. Job 1–2). También sabemos que el Nuevo Testamento se refiere a él como «el dios de este mundo» (2 Cor. 4:4) y «el príncipe de este mundo» (Juan 12:31; 14:30; 16:11). Juan declaró: «Sabemos que somos de Dios, y el mundo entero está bajo el maligno» (1 Juan 5:19). Pablo les dijo a los hermanos filipenses acerca de la posición exaltada de Jesús:

> Por lo cual Dios también le exaltó hasta lo sumo, y le dio un nombre que es sobre todo nombre, para que en el nombre de Jesús se doble toda rodilla de los que están en los cielos, y en la tierra, y debajo de la tierra; y toda lengua confiese que Jesucristo es el Señor, para gloria de Dios Padre (Fil. 2:9–11).

Pero Pablo también dijo que antes de que Jesús disfrutara de esa exaltación se hizo «obediente hasta la muerte, y muerte de cruz» (Fil. 2:8).

El camino hacia la corona estaba pavimentado con una cruz. Satanás estaba ofreciendo a Jesús una salida menos dolorosa. Le ofreció a Cristo la opción de remitirse a él ahora, o morir por el pecado más tarde. Ambos caminos le llevarían hacia una corona. Una era más fácil que la otra. ¿Cómo respondió Jesús? Él respondió con un enfático «Vete, Satanás, porque escrito está: Al Señor tu Dios adorarás, y a él sólo servirás» (Mat. 4:10). Este ejemplo es del principio del ministerio de Cristo, no obstante, vemos la misma actitud al final de su ministerio. Uno puede escucharlo en las palabras poderosas que dijo en el Jardín de Getsemaní: «Y estando en agonía, oraba más intensamente; y era su sudor como grandes gotas de sangre que caían hasta la tierra» (Lucas 22:42). Jesús era un hombre de carácter, sin importar el costo o el dolor.

Privacidad

Una de las citas más célebres de John Wooden, exentrenador de baloncesto en UCLA, fue: «La verdadera prueba del carácter de un hombre es lo que hace cuando nadie lo está mirando» (citado en Edmondson 2020, 57). La palabra «hipócrita» viene del drama griego. Llegó a referirse a aquellos que afirman o parecen ser una cosa pero que de hecho son otra (Kittel y Friedrich 1972, 562). Cuando ponemos un pie en el escenario de la vida, todos tendemos a ponernos máscaras y actuar como la persona que queremos que los demás piensen que somos. Ocultamos al verdadero nosotros. Es solo en privado que nos quitamos la máscara y dejamos de actuar. Volvamos una vez más a la tentación de Jesús. Escuche la introducción de Lucas sobre el encuentro entre Cristo y Satanás; «Y Jesús, lleno del Espíritu Santo, volvió del Jordán y fue guiado por el Espíritu en el desierto durante cuarenta días, siendo tentado por el diablo» (Lucas 4:1–2). ¿Se dio cuenta de que la tentación se llevó a cabo «en el desierto»? El relato de Marcos dice que Él estaba «con las fieras» (1:13). El público de este drama de la vida real consistía en escorpiones, serpientes y animales salvajes. El escenario para esta producción providencial consistió en arena del desierto y los rocosos riscos de una gran montaña. De hecho, Jesús estuvo de pie en el pináculo del templo y rechazó la única tentación de la que pudo haberse vanagloriado de su grandeza ante el pueblo de Jerusalén. No se arrojaría del pináculo solo porque podía. El punto es que Jesús no estaba actuando. Escogió tener carácter en lugar de volverse una celebridad.

¿Cómo fue Jesús capaz de hacer lo correcto incluso cuando nadie estaba viendo? Hay muchas posibles respuestas, pero hay una que me gustaría considerar en esta ocasión. El registro de Marcos dice que después de las tentaciones «los ángeles le servían» (Marcos 1:13). Dios envió consoladores celestiales. Jesús entendió que, cuando estaba vacío el anfiteatro de la humanidad, había otra audiencia viendo siempre. Hay un balcón celestial en el auditorio de la vida. Escuche lo que dice el Mesías en el sermón del monte: «Mas tú, cuando ores, entra en tu aposento, y cerrada la puerta, ora a tu Padre que está en secreto; y tu Padre que ve en lo secreto te recom pensará en público» (Mateo 6:6). Nunca dejamos la presencia del Padre. La gente con carácter entiende que hay una audiencia en cada evento de sus vidas. Recordar esto es importante para ser una persona de carácter e integridad.

El cristiano

Ahora es tiempo de hacer esta lección personal. El libro *El Líder Extraordinario* (*The Extraordinary Leader*), trata los hallazgos investigativos de Zenger y Folkman. Ellos identifican cinco rasgos clave de los líderes y los ilustran como si se tratase de los postes de una «tienda de campaña del liderazgo». Los postes externos son, a saber, «orientación a resultados», «capacidad personal», «liderazgo del cambio organizacional», «habilidades interpersonales». Note cuán similares son estos rasgos a los hábitos de Jesús. El quinto rasgo que fue identificado por ellos es el «carácter». Lo describieron como el poste central de la tienda de campaña, por el hecho de que, si un líder no es una persona de carácter e integridad, la tienda de campaña del liderazgo entera se viene abajo (2002, 53). Esto me recuerda a una de mis citas favoritas. Una declaración hecha por el antiguo Senador de los Estados Unidos, Alan K. Simpson, mientras presentaba al antiguo Presidente Gerald R. Ford en Harvard, durante el año 1999: «Si tienes integridad, nada más importa. Si no tienes integridad, nada más importa» (Simpson 1999). ¿Somos personas de carácter? Los ancianos de integridad honrarán los acuerdos hechos con predicadores y ministros juveniles. Los predicadores de carácter honrarán las promesas hechas a las congregaciones y practicarán lo que predican. Los ministros juveniles de integridad nunca harán nada inapropiado en sus relaciones con los jóvenes de la congregación (o ninguna otra persona en ese sentido). Los diáconos con carácter administrarán los fondos de la iglesia de manera recta y honesta. Una persona de carácter hace lo que es correcto incluso si le cuesta un trabajo o una promoción laboral. Una persona de integridad hace lo que es correcto incluso si nadie la está viendo. Una persona de carácter no verá películas o imágenes pornográficas por la noche en la televisión o el internet. Los hombres de integridad serán fieles a sus esposas incluso si nadie nunca lo sabrá. Se me pidió contribuir en un capítulo del libro *Apto para el Púlpito* (*Fit for the Pulpit*). Se me asignó el capítulo «El Predicador y el Pecado». ¡Me preguntaba por qué el editor, Chris McCurley, me dio ese capítulo en particular! Aquí está lo que observé mientras preparaba el manuscrito. El pecado tiende a venir de tres maneras primarias (1 Juan 2:15–16; Génesis 3; Lucas 4:1–13):

1. Los deseos de la carne – tentación de tener relaciones inapropiadas con miembros del sexo opuesto, o amar el dinero y ganarlo deshonestamente.
2. Los deseos de los ojos – observar pornografía del internet.
3. La vanagloria de la vida – disfrutar la alabanza de la gente y sacrificar nuestros principios y la verdad para ser queridos por la gente.

Vencemos estas tentaciones velando y orando. Velar implica (1) reconocer nuestras áreas de debilidad, (2) evitar las situaciones, y (3) tener acceso a una persona a la cual rendirle cuentas. Orar implica no solamente la confesión y el arrepentimiento, sino también buscar la ayuda de Dios para batallar con la tentación. El antiguo profesor Ian A. Fair señalaba que: «Los valores forman el pegamento ético que mantiene unida a una organización, la brújula que le da dirección, la integridad que le da respetabilidad y los parámetros que le dan estabilidad» (2008, 77). Las mayores y más experimentadas abejas forrajeras en mis colmenas son las mejores guías para las otras abejas de mis colonias porque han desarrollado brújulas internas. Cuando esas brújulas están apagadas, los resultados pueden ser letales para la colonia. Eso es algo más verdadero espiritualmente hablando. Como líderes, necesitamos considerar qué valores internos son los que componen nuestras brújulas internas, cuáles son las fuentes de estos valores (Dios o alguien/algo más), y si estamos viviendo vidas piadosas o no, que sean consistentes con esos valores.

Conclusión

Las personas escuchaban y seguían a Jesús, en parte, porque era un hombre de carácter. Los que hacen lo correcto en secreto también harán lo que es correcto en público. Otros lo verán y serán atraídos a ellos. El antiguo profesor, autor y educador de educadores Findley Edge, declaró que:

> El maestro es como un vitral. El sol de la verdad de Dios resplandece a través de la mente del maestro, de su espíritu y vida. La luz adquiere el resplandor y el color del maestro, ya sea el brillante y resplandeciente, u oscuro y sombrío (1999, 218).

Jesús era la luz del mundo. Él también dice que somos luz (Mateo 5:14). Su luz se filtra a través del carácter de nuestras vidas. Jerry Self, uno de los miembros de la junta de la Universidad Cristiana de Heritage, ha servido como un maestro de escuela, predicador y anciano. En su libro, *Ancianos* (*Shepherds*), él amplía la conocida obra de McGarvey, *Un Tratado sobre los Ancianos* (*A Treatise on the Eldership*). Habiendo declarado que ningún anciano será perfecto en cuanto a vivir de acuerdo a las características de los ancianos que se encuentran en 1 Timoteo 3 y Tito 1, el hermano Self afirma:

> Todo anciano debe buscar cuidadosamente y continuamente en su propia vida estas cualidades, y cada vez que encuentra una falla, inmediatamente debe enmendar sus caminos, y

asegurarse de que se está moviendo en la dirección correcta. Es algo atemorizante ser colocado en una posición que le sitúa ante otros como un ejemplo a la iglesia de cómo un cristiano debería ser (2017, 81).

Preguntas de discusión

1. ¿Qué encontró de más ayuda o esclarecimiento en esta lección?
2. Lea Mateo 6:1–8, 16–18 y discuta cómo esto se compara a la forma en que los líderes pueden actuar hoy día.
3. ¿Cuáles son algunas maneras en la que los líderes fallan en ser personas de integridad y carácter?
4. ¿Cuáles son algunas cosas que podemos hacer que nos ayudan a ser personas de integridad?

Tarea

1. Satanás tentó a Jesús como el «Hijo de Dios». ¿Cómo lo tentará a usted? Haga una lista mental de áreas en las cuales usted podría ser más vulnerable. ¿Cómo le ayuda el ser consciente de estas posibilidades a ser una persona de integridad?
2. Lea la lista de ayes en Mateo 23. Haga una lista de comparaciones modernas con las cosas que Jesús enfatizó.

13

¿CÓMO DEFINE EL ÉXITO?

Introducción

Moisés fue un fracaso. Odio ser quien tenga que decirlo, pero lo fue. Solamente vean su carrera. Llevó a toda una generación de israelitas fuera de Egipto, y solo dos adultos llegaron a la tierra prometida… dos de entre más de un millón de personas. Jeremías también fue un inepto. La nación de Judá rechazó su predicación y fue llevada en cautiverio a Babilonia. El mismo Jeremías fue secuestrado y llevado lejos para morir en Egipto. Los números no mienten. Los números dicen que estos supuestos grandes hombres fueron fracasados.

Vivimos en un mundo de márgenes de ganancia y de pruebas estandarizadas. Definimos el éxito por medio de números. Los niños son clasificados según su buena puntuación en exámenes. ¿A quién le importa si son los mejores pianistas en la historia de la humanidad? Los adultos son calificados por cuánto dinero ganan o en qué tan grandes son sus casas. ¿A quién le importa si son seres humanos decentes? Los predicadores son contratados y despedidos por causa de los números también. Son a menudo vistos como demasiado viejos o demasiado jóvenes. Tienen o muy poca experiencia, o ya han trabajado por mucho tiempo. Cierta vez intenté aplicar a una posición de predicador para una congregación en Middle Tennessee. Se me dijo que solo estaban tomando aplicaciones de personas arriba de los 30 y por debajo de los 50 años de edad. Estaban contratando «por medio de números». Tomamos en cuenta los números para nuestra determinación del éxito. Miramos cifras de asistencia, respuestas, ofrendas, participaciones del domingo por la noche y cuán largos son los sermones. ¿A quién le importa si el predicador es un hombre de verdad, honestidad, e integridad que entrega todo al Señor y a su obra? ¿A quién le importa si las personas están siendo formadas en semejanza a la imagen de Cristo? Una de las cosas que no me agradan es cuando las personas se acercan en una conferencia, taller, o seminario y preguntan, «¿Cuán grande es tu congregación?» o «¿Cuán grande es tu grupo de jóvenes?». Juzgamos por medio de números.

Si Moisés o Jeremías rindieran sus currículums a una congregación promedio hoy día, ¿obtendrían algún trabajo? Moisés sería considerado muy viejo y Jeremías alguien demasiado sensible e inexperto. Si uno utiliza medidas mundanas, entonces Dios mismo es un fracasado, porque sus hijos también se descarriaron. No. El problema no está en Moisés, Jeremías, o Dios. El problema está en nuestra definición del éxito. Un vistazo a los resultados del liderazgo y enseñanza de Jesús puede que desafíen nuestra definición de lo que verdaderamente es el éxito.

El Cristo

Mi afirmación en este libro ha sido que Jesús es el más grande líder que alguna vez vivió en esta tierra. Él era alguien centrado, capaz, conectado, compasivo, común, con claridad de pensamiento, un coach, y un hombre de carácter. Uno pensaría que tal tipo de líder habría tenido éxito ilimitado. Ese no fue el caso. No lo fue si usted define el éxito a través de números, o números iniciales. Consideremos la realidad, las razones, y la resiliencia, mientras ponderamos el resultado de su liderazgo.

Realidad

Juan 6 describe a Jesús enseñando en los alrededores del mar de Galilea. El texto dice: «Y le seguía gran multitud, porque veían las señales que hacía en los enfermos» (Juan 6:2). Jesús era enormemente popular. Y esta popularidad solamente iría incrementando. Los siguientes versículos nos dicen que Jesús alimentó a cinco mil hombres, no contando mujeres ni niños, con cinco panes y dos peces. La gente respondió diciendo: «Este verdaderamente es el profeta que había de venir al mundo» (Juan 6:14). Con base a los comentarios que son hechos después en Juan 6, la gente probablemente hizo alusión al «profeta igual a Moisés» al cual se hace referencia en Deuteronomio 18:17–19. Jesús era tan popular que las personas subieron a sus barcas al siguiente día y cruzaron el lago para encontrarlo. ¡Eso sí que suena como que Jesús era un líder «exitoso»!

Desafortunadamente, al final de Juan 7 las personas lo estaban abandonando en multitudes. «Desde esto, muchos de sus discípulos volvieron atrás, y ya no andaban con él» (Juan 6:66). Este abandono fue tan absoluto que Jesús preguntó a sus apóstoles «¿Queréis vosotros iros también?» (Juan 6:67). La forma en que Jesús dijo las palabras en griego conllevan la idea de esperar que le dijeran: «no» (Cfr. Rogers y Rogers 1998, 198). Pero esto no cambia el hecho de que la gente estaba yéndose en grandes cantidades, y Jesús sintió la necesidad de preguntar a sus apóstoles cuán comprometidos estaban. La situación no mejoró. Recuerde que la historia del ministerio de Jesús culmina en una cruz romana sobre un monte llamado Calvario. Presumo que, después de todo, Jesús no fue exitoso.

Razones

¿Qué sucedió? ¿Cómo el gran maestro terminó siendo rechazado y crucificado? Hay un par de razones clave para entender esto. Antes que nada, Jesús estaba trabajando con seres humanos. No hay un ser humano justo, ni siquiera uno (cfr. Romanos 3:10). Los seres humanos son débiles, frágiles, y propensos al egocentrismo. Juan 6 identifica algunas razones de por qué las personas rechazaron su enseñanza:

1. Tenían motivos inadecuados (Juan 6:26–27). Vinieron a Jesús para ver qué podían obtener de Jesús.
2. Tenían un enfoque inadecuado (Juan 6:27). Estaban enfocados en lo físico, no en lo espiritual.
3. Tenían nociones inadecuadas del Mesías. (Juan 6:30–36). Esperaban a un profeta que pudiera alimentarlos con alimento físico como Moisés lo hizo en el desierto. Jesús les ofreció más. Se ofreció a sí mismo como el pan de vida.
4. Las palabras de Jesús eran difíciles de aceptar (Juan 6:60). Se requería un cambio de paradigma o un cambio de perspectiva del mundo y específicamente, del Mesías. No podían llegar más allá de sus nociones preconcebidas para entender el mensaje de Jesús.
5. Algunos simplemente rehusaron creer y cambiar (Juan 6:61–65).

La segunda razón principal por la que rechazaron su enseñanza es porque Él tenía un objetivo diferente. Tenía una definición diferente del éxito. En el libro *7 Prácticas Efectivas del Liderazgo* (*7 Practices of Effective Ministry*), Andy Stanley, Reggie Joiner, y Lane Jones, identifican, como primera práctica: «Clarificar el objetivo» (2004, 69). «Clarificar la victoria simplemente significa comunicar a su equipo qué es realmente importante y qué es lo que realmente importa» (Stanley, Joiner, Jones, 2004, 71). Es determinar qué califica como un objetivo o éxito. Los autores continúan diciendo:

> Demasiados líderes de la iglesia han creído el mito de que aclarar la victoria significa establecer metas de asistencia y recaudar mucho dinero. Sin duda, estos pueden ser indicadores sobre la salud de su organización, pero los números sólidos en estas áreas no significan necesariamente que esté ganando (Stanley, Joiner, y Jones 2004, 71).

Jesús no definió el éxito en términos de números. Esto puede ser visto en cómo Jesús comenzó el sermón en Juan 6. Las personas habían viajado a través del lago para verlo. Jesús respondió diciendo, en esencia, «ustedes solo vinieron por comida» (mi floja traducción de Juan 6:26). Hay ocasiones en las que pareciese que Jesús intentaba ahuyentar a las personas. Le dijo a un hombre que fuese y vendiera todo lo que tenía, y solo así podía viajar con él después (Marcos 10:17–22). Le dijo a otro hombre que ofreció seguirle: «Las zorras tienen guaridas, y las aves del cielo nidos; mas el Hijo del Hombre no tiene dónde recostar su cabeza» (Mateo 8:20). Pese a eso, dijo en otra ocasión:

> El que ama a padre o madre más que a mí, no es digno de mí; el que ama a hijo o hija más que a mí, no es digno de mí; y el que no toma su cruz y sigue en pos de mí, no es digno de mí. El que halla su vida, la perderá; y el que pierde su vida por causa de mí, la hallará (Mateo 10:37–39).

¿No leyó Jesús el libro de Dale Carnegie sobre *¿Cómo Ganar Amigos e Influir sobre las Personas?* (¿Alguien conoce ese libro?).

Jesús respondió de esta forma porque no definía el éxito utilizando números. Él tenía un conjunto de objetivos diferentes. Vino a cambiar corazones y vidas. Decir meramente palabras bonitas no era parte de Su misión o definición del éxito. Hay muchas formas de llenar edificios de iglesias. Algunas formas son piadosas, y algunas son impías. Es posible tener edificios llenos de gente que no han cambiado y que no son más que buscadores curiosos (como lo vemos en Juan 6). Solo están enfocados en lo físico desde el día que cruzaron por la puerta. También es posible tener una congregación de diez miembros que han sido transformados en la imagen de Cristo y están viviendo automáticamente la misión de Dios en el mundo.

Jesús se enfocó en hacer la obra del Señor y dejar que Dios se hiciera cargo de los resultados. Escuche los comentarios de Jesús en el capítulo cuatro de Juan:

> Jesús les dijo: *Mi comida es que haga la voluntad del que me envió, y que acabe su obra.* ¿No decís vosotros: Aún faltan cuatro meses para que llegue la siega? He aquí os digo: Alzad vuestros ojos y mirad los campos, porque ya están blancos para la siega. Y el que siega recibe salario, y recoge fruto para vida eterna, para que el que siembra goce juntamente con el que siega. Porque en esto es verdadero el dicho: *Uno es el que siembra, y otro es el que siega.* Yo os he enviado a segar lo que vosotros no labrasteis; otros labraron, y vosotros habéis entrado en sus labores (Juan 4:34–38, énfasis añadido).

Jesús enfatizó que vino a terminar la obra que Dios le encomendó que hiciese. Eso es exactamente lo que Él hizo. Por eso es que pudo decir: «consumado es» (Juan 19:30) sobre la cruz, pese a que muchos lo habían rechazado. Su ministerio consistió en proclamar y proveer salvación (*cfr.* capítulo 3 de este libro). Sus apóstoles tenían las responsabilidades de sembrar y cosechar después de su partida. Aun así, Dios es quien debe producir el crecimiento. Esto me hace recordar las palabras de Pablo: «Yo planté, Apolos regó; pero el crecimiento lo ha dado Dios. Así que ni el que planta es algo, ni el que riega, sino Dios, que da el crecimiento.» (1 Cor. 3:6–7). No hay evidencia en el Nuevo Testamento que sugiera que Dios derroque la voluntad humana y fuerce a la gente a aceptar a Cristo, pero sí está la realidad de que Dios está involucrado en el proceso de la conversión. Puede que no entendamos cada detalle sobre su interacción entre la decisión humana y la voluntad divina, sin embargo, ambas son claramente bíblicas (cfr. «dar coces contra el aguijón» en la conversión de Saulo, Hechos 26:14). El punto es que la respuesta humana no descansa en la responsabilidad del líder. Descansa en el corazón del estudiante y en el poder de Dios.

Resiliencia

Jesús hizo la obra del Padre a pesar de la partida desalentadora de muchos discípulos (cfr. Juan 7–8). Jesús continuó enseñando sin importar qué oposición o rechazo enfrentaba. ¿Cómo fue capaz de hacer esto? En el libro de Covey *Los 7 Hábitos de la Gente Altamente Efectiva* (*The Seven Habits of Highly Effective People*), la práctica número dos es: «Empiece con un fin en mente». Covey describe este hábito de la siguiente manera:

> Empezar con un fin en mente significa comenzar con una clara comprensión de su destino. Significa saber adónde se está yendo, de modo que se pueda comprender mejor dónde se está, y dar siempre los pasos adecuados en la dirección correcta (1989, 98).

Covey enfatiza que antes de subir una escalera necesitamos asegurarnos de que la escalera esté recostada en el muro apropiado. Desafía a individuos, familias y organizaciones a tener un enunciado de misión el cual «se vuelve el criterio por el cual mides todo lo demás en tu vida» (1989, 129). El capítulo tres fue el capítulo en este estudio en el cual comenzamos a ver por primera vez los rasgos del liderazgo de Jesús. Ese capítulo enfatizó que Jesús era alguien centrado. Él tenía un entendimiento claro de la misión para Su vida. Él fue capaz de soportar los contratiempos porque tenía Su propia misión y su propia definición del éxito. No dejó que el mundo estableciera Su agenda o definiera el éxito para Él. Eso es lo que la gente y los líderes altamente efectivos hacen. Por ende, Moisés, Jeremías y Dios mismo no fracasaron después de todo. Solo es nuestra definición limitada de éxito la que ha fracasado.

El cristiano

Chris McChesney, Sean Covey, y Jim Huling son los autores de un libro excepcional titulado *Las 4 Disciplinas de la Ejecución* (*The 4 Disciplines of Execution*). La segunda disciplina que ellos tratan es «Actuar sobre las medidas de predicción», y señalan que:

> Las medidas históricas sirven para dar seguimiento a las metas crucialmente importantes y suelen ser aquellas por las que uno se pasa mucho tiempo orando. Entre estas medidas están las de ingresos, utilidades, participación en el mercado y satisfacción de los clientes, lo cual implica que sólo se tienen sus resultados cuando las acciones de las que surgieron están en el pasado (McChesney, Covey, y Huling, 2012, 11–12).

Por otro lado, están las medidas de predicción. «Las medidas de predicción son muy diferentes porque se centran en las cosas de mayor impacto que su equipo tiene que hacer para alcanzar su meta» (McChesney, Covey, y Huling, 2012, 11–12). Las medidas de predicción son los pasos de acción que llevan a buenas medidas históricas. Se trata de acciones que llevan a buenos números. Los autores no están diciendo que las medidas históricas (los números) no importan. Simplemente están animando a los ejecutivos a enfocar más su atención en las medidas de predicción que en las medidas históricas. Lo que hemos visto en este capítulo es que las medidas históricas no están bajo el control de los líderes. Lo que sí podemos controlar son nuestras medidas históricas personales. Podemos enfocarnos en hacer lo correcto de la forma correcta para que nos lleven a los resultados correctos. Si nos enfocamos solamente en los resultados, puede que perdamos el ánimo. Si nos enfocamos en hacer lo correcto, perseveraremos en seguir hacia adelante con la obra de Dios.

Siempre recuerde que los seres humanos son volubles. Hoy le cantarán alabanzas y pondrán ramas de palmeras en su camino (cfr. Mat. 21:8–11), y una semana después pedirán en voz alta su crucifixión (cfr. Mat. 27:22). Si usted dirige personas, eventualmente lo van a defraudar. Habrá días cuando parezca que liderar en la iglesia del Señor no vale la pena. Recuerde cinco cosas cuando vengan esos días. Primero, somos seres humanos que también cometemos errores. No podemos esperar otra cosa de los demás. Segundo, necesitamos enfocarnos en nuestro trabajo de plantar y regar. Nuestro trabajo es hacer nuestro trabajo. Los resultados dependen de alguien más. Lo tercero es recordarse de creer la definición mundana del éxito. El éxito no está determinado por los números. Es mejor tener a una persona cuyo corazón ha cambiado que tener a cien buscadores curiosos que sean egocéntricos. Por cierto, no se rinda en cuanto a los buscadores curiosos. Algunos de ellos puede que cambien también. El cuarto principio es no vivir en base a las alabanzas humanas. Quienes lideran en función del Señor no viven para ser honrados por los seres humanos. Viven para oír: «Y su señor le dijo: Bien, buen siervo y fiel; sobre poco has sido fiel, sobre mucho te pondré; entra en el gozo de tu señor» (Mat. 25:21). Finalmente, no se enfoque en los resultados a corto plazo. Jesús dejó este mundo hace 2000 años, sin embargo, su nombre es conocido alrededor del mundo, y en los años intermedios millones de personas han llegado a creer en su nombre. Se burlaron de Él mientras estuvo sobre la cruz. Lucas 23 nos dice que tres grupos de individuos se burlaron de Jesús como rey o Cristo (23:35–37, 39). Cristo significa «ungido». Los reyes judíos del Antiguo Testamento eran conocidos como los ungidos de Dios (cfr. 1 Sam. 24:10). Para los tiempos del primer siglo, el término «Cristo» refería al rey de la promesa, al descendiente de David, quien reinaría para siempre (2 Sam. 7:12–17). Las personas se burlaron de Jesús como «El Rey de los Judíos» porque se parecía a cualquier cosa menos a un rey. Pero Pablo nos dice que a causa de que Jesús se humilló al punto de morir en una cruz, «Dios también le exaltó hasta lo sumo, y le dio un nombre que es sobre todo nombre, para que en el nombre de Jesús se doble toda rodilla de los que están en los cielos, y en la tierra, y debajo de la tierra; y toda lengua confiese que Jesucristo es el Señor, para gloria de Dios Padre». (Fil. 2:9–11). Jesús no dejó que la cruz le impidiera cumplir su misión. Él completó Su tarea (Juan 19:30), y el resto es historia y eternidad.

Conclusión

El autor y columnista del Chicago Sun-Times, Sydney J. Harris, declaró lo siguiente: «Fracasado no es quien lo ha intentado y ha fallado; es quien ha renunciado a intentarlo y ha fallado; es quien se ha rendido a intentarlo y se ha dispuesto a sí mismo a fracasar; no es una condición, es una actitud» (citado en Manser 2001, 100). Tampoco quiero inducirlo al error. Si usted escoge liderar como Jesús, no será fácil. Si Jesús fue incapaz de convertir a todos, no podemos evitar que haya contratiempos y desaliento en nuestro caminar de liderazgo con Dios. Lo reto a que halle un lugar para liderar en el reino de Dios y permanezca fiel a su tarea. Quizá nadie lo seguirá. Caleb y Josué permanecieron solos (Números 14:5–

10). Nadie los siguió. A veces eso es lo que los grandes líderes deben hacer. Liderar a pesar de todo. Su vida será un éxito si al final usted es capaz de decir: «Consumado es. He pasado mi vida sirviendo fielmente al Señor». Y, quién sabe, puede que Dios multiplique las semillas que usted ha plantado y cambie el mundo.

A medida que llegamos al final de nuestro estudio, una escena de la película *Parque Jurásico III* (*Jurassic Park III*) viene a mi mente. Un grupo de personas estaban atrapadas en una isla costarricense infestada por dinosaurios; la Isla de Sorna. Habían viajado a la isla para rescatar a un joven, Eric Kirby, quien estaba varado ahí como resultado de un accidente de parapente. Hay una escena en la cual el amigo protegido del Dr. Alan Grant, Billy Brennan, fue llevado por un pterodáctilo gigante. En consecuencia, un reflexivo Dr. Grant, paleontó-logo, describió cómo era su amigo a Eric. Él dijo: «tengo una teoría de que hay dos clases de muchachos: los que buscan ser astrónomos y los que quieren ser astronautas. El astrónomo, o el paleontólogo, se dedica a estudiar estas sorprendentes cosas inmerso en una completa seguridad». Eric luego responde: «Pero nunca tendrás la oportunidad de ir al espacio». El Dr.Grant continúa diciendo que Billy tiene la perspectiva de un astronauta (Jurassic Park III, 2001). Esta es una compara-ción poderosa. Los astrónomos estudian las estrellas. Los astronautas vuelan hacia ellas. ¿Cuál de estos sería usted? ¿Será usted de un liderazgo de astrónomos o de un liderazgo de astronautas? ¿Solamente estudiará y leerá acerca del lide-razgo, o irá, y será un líder, y en el proceso, llevará a personas a lugares donde nunca habrían ido, destinos ya establecidos por la voluntad del Creador de todo el universo? No lea sola-mente; alcance las estrellas. Vaya y cambie el mundo. Haga la diferencia. ¡Lidere como el Señor para el Señor!

Preguntas de discusión

1. ¿Qué halló en esta lección que le fue de mayor ayuda?
2. Dialogue sobre cómo debemos definir el éxito para los líderes espirituales.
3. Lea Números 14:5–10. Algunos creen que una persona no es líder si no hay seguidores. Examine si usted está de acuerdo o en desacuerdo con esto y por qué.

Tarea

1. Lea Juan 6 y enumere cinco cosas que le llaman la atención.
2. Lea Lucas 23:32–43. Examine cómo el entendimiento de la gente sobre el trabajo del Cristo difería de la verdadera misión de Jesús.

Bibliografía

Si la referencia se encuentra en inglés se debe a que no se ha encontrado la traducción al español de este libro.

Bagents, Bill, and Rosemary Snodgrass. 2021. *Counseling for Church Leaders*. Florence, AL: Cypress Publications.

Banda de hermanos. 2001. New York: HBO.

Banks, Robert, and Bernice M. Ledbetter. 2004. *Reviewing Leadership: A Christian Evaluation of Current Approaches*. Grand Rapids: Baker Academic.

Barber, Jerrie. 2015. *"Appointing New Elders."* Páginas 86–97 en *Rest in Green Pastures: Encouragement for Shepherds*. Edited by Chris McCurley. Dallas: Start2Finish.

Barna, George, ed. 1997. *Líderes en el liderazgo: sabiduría, consejo y ánimo en el arte de liderar personas de Dios*. Regal.

Bennis, Warren, and Burt Nanus. (2001). *Líderes: Estrategias para un liderazgo eficaz*. Ediciones Paidos Ibérica.

Black, Wesley. 2008. "Stopping the Dropouts: Guiding Adolescents Toward a Lasting Faith Following High School Graduation." *Christian Education Journal 3.5: 28–46*.

Blackaby, Henry, and Richard Blackaby. (2016). *Liderazgo espiritual: Cómo movilizar a las personas hacia el propósito de Dios*. Broadman & Holman.

Bolsinger, Tod. 2015. *Canoeing the Mountains: Christian Leadership in Uncharted Territory*. Exp. ed. Downers Grove, IL: InterVarsity Press.

Braddy, Ken. 2017. "Discipling in an Age of Biblical Illiteracy," *Lifeway Research*.

https://lifewayresearch.com/2017/07/10/discipling-in-an-age-of-biblical-illiteracy/.

Brooks, Phillips. 1950. *Phillips Brooks: Selected Sermons*. Edited by William Scarlett. New York: Dutton & Company.

Brothers, Kirk. 2010. "A Cross-Cultural Study of Factors Motivating Church of Christ Ministry Students to Enter Ministry." PhD diss., The Southern Baptist Theological Seminary.

Brothers, Kirk. 2014. "The Preacher and Sin." Pages 91–102 in *Fit for the Pulpit*. Edited by Chris McCurley. Bowie, TX: Start2Finish.

Byron, George Gordon. 1882. *Hours of Idleness: A Series of Poems, Original and Translated*. Paris: Galignani.

Carnegie, Dale. (2000). *Cómo ganar amigos e influir sobre las personas*. Bertelsmann de México.

Cohen, Jack, and Ian Stewart. 1994. *The Collapse of Chaos: Discovering Simplicity in a Complex World*. New York: Viking.

Cohen, William. 2010. *Heroic Leadership: Leading with Integrity and Honor*. San Francisco: Jossey-Bass.

Collins, Jim. (2007). *Good to Great: ¿Por qué algunas compañías dan el salto a la excelencia y otras no?* Editorial Norma.

Covey, Stephen R. (2011). *Los siete hábitos de la gente altamente efectiva*. Booket.

Cox, James D. 1976. *With the Bishops and Deacons*. Delight, AR: Gospel Light Publishing.

Danker, Fredrick W. 2000. *A Greek-English Lexicon of the New Testament and Other Early Christian Literature*. 3rd ed. Chicago: University of Chicago Press.

de Kempis, Tomás. (1958). *Imitación de Cristo*. Chicago: Moody.

De Pree, Max. (1993). *El liderazgo es un arte*. Vergara Editor S. A.

Dillinger, Jeffrey. 1996. "*The Man of Compassion*." Pages 101–105 in *Man of God: Essays on the Life and Work of the Preacher*. Edited by Shawn D. Mathis. Nashville: Gospel Advocate.

Drucker, Peter F. (2002). *La gerencia: Tarea, responsabilidades y practicas*. El Ateneo.

Drucker, Peter F. (1992). *Dirección de instituciones sin fines de lucro*. El Ateneo.

Edge, Findley B. (2007). *Pedagogía fructífera*. Casa Bautista of Pubns.

Edmondson, Michael. 2020. *Navigate the Chaos in 2020*. Michael Edmondson.

Estep, James, Jr. (2010). *Administración básica para iglesias y ministerios cristianos*. Casa Bautista of Pubns.

Fair, Ian A. 2008. *Leadership in the Kingdom: Sensitive Strategies for the Church in a Changing World*. Abilene, TX: ACU Press.

Farrar, Steve. (1997). *El hombre guía: Cómo ser líder de su familia*. Casa Bautista of Pubns.

Fisher, David. 1996. *The 21st Century Pastor: A Vision Based on the Ministry of Paul*. Grand Rapids: Zondervan.

Gangel, Kenneth O. 1997. *Team Leadership in Christian Ministry: Using Multiple Gills to Build a Unified Vision*. Chicago: Moody.

Geiger, Eric, and Kevin Peck. 2016. *Designed to Lead: The Church and Leadership Development*. Nashville: Broadman & Holman.

Gospel of John, The. 2003. Nashville: Visual Bible International.

Groom, Winston. 2015. *The Generals: Patton, MacArthur, Marshall, and the Winning of World War II*. Read by Robertson Dean. Ashland, OR: Blackstone Audio. Audio edition.

Gross, Anthony. 1912. *Lincoln's Own Stories*. Garden City, NY: Harper & Brothers.

Hagner, Donald A. 1993. *Matthew 1–13*. WBC 33A. Dallas: Word.

Holland, Thomas H. 2000. *Sermon Design and Delivery*. 2nd ed. Brentwood, TN: Penmann.

Johnson, Aubrey. 2014. *Dynamic Deacons: Champions of Christ's Church*. Sharpsburg, GA: Aubrey Johnson Ministries.

Johnson, Aubrey. 2019. *Successful Shepherds: Leading People in Paths of Righteousness*. Lebanon, TN: Aubrey Johnson Ministries. Kindle edition.

Jurassic Park III. 2001. Orlando: Universal Studios.

Keener, Craig S. (2003). *Comentario del contexto cultural de la Biblia*. Nuevo Testamento. Casa Bautista of Pubns.

King, Martin Luther, Jr. (1978). *La fuerza de amar*. Editorial Argos Vergara.

Kittel, Gerhard, and Gerhard Friedrich. (2002). *Compendio del diccionario teológico: Del Nuevo Testamento*. Faith Alive Christian Resources.

Kouzes, James M., and Barry Z. Posner, eds. 2004. *Christian Reflections on the Leadership Challenge*. San Francisco: Wiley & Sons.

Kouzes, James M., and Barry Z. Posner. (2018). *El desafío del liderazgo: Cómo hacer realidad cosas extraordinarias en una organización*. Reverté Managament (REM).

Lencioni, P. (2023). *Las Cinco Disfunciones de Un Equipo*. Ediciones Urano.

Lomenick, Brad. 2015. *H3 Leadership: Be Humble, Stay Hungry, Always Hustle*. Nashville: Nelson.

Louw, Johannes P., and Eugene A. Nida, eds. 1989. *Greek-English Lexicon of the New Testament bBased on Semantic Domains*. Volume 1. 2nd ed. New York: United Bible Societies.

MacArthur, J. F. (2004). *Doce hombres comunes y corrientes: Cómo el maestro forma sus discípulos para la grandeza, y lo que quiere hacer contigo*. Grupo Nelson.

MacArthur, J. F. (2011). *Llamado a liderar: 26 lecciones de liderazgo de la vida del apóstol Pablo*. Grupo Nelson.

Manser, Martin H., Comp. 2001. *The Westminster Collection of Christian Quotations: Over 6000 Quotations* Arranged by Theme. Louisville: Westminster John Knox.

Maxwell, J. C. (1996). *Desarrolle los líderes que están alrededor de usted: Cómo ayudar a otros a alcanzar su potencial pleno*. Grupo Nelson.

Maxwell, J. C. (2011). *Equipo 101: Lo que todo líder necesita saber*. Grupo Nelson.

Maxwell, J. C. (2004). *Relaciones 101: Lo que todo líder necesita saber*. Grupo Nelson.

Maxwell, J. C. (2006). *Cómo ganarse a la gente: Descubra principios que funcionan cada vez*. Caribe/Betania Editores.

Maxwell, J. C. (2016). *La Biblia de liderazgo de Maxwell-RVR 1960*. Grupo Nelson.

McChesney, Chris, Sean Covey, y Jim Huling. 2017. *Las 4 disciplinas de la ejecución: Cómo alcanzar sus principales objetivos estratégicos*. Conecta.

McCord, Hugo. 1996. "Jesus as an Example for Preachers." Pages 23–28 in *Man of God: Essays on the Life and Work of the Preacher*. Edited by Shawn D. Mathis. Nashville: Gospel Advocate.

McGarvey, J. W. (2021). *El Ancianato*. La Palabra Publisher, Ed.

McLellan, Vern. 2000. *Wise Words and Quotes*. Wheaton, IL: Tyndale House.

Meeks, Janet Smith. 2017. *Gracious Leadership: Lead Like You've Never Led Before*. Westlake, OH: Smart Business Network.

Metaxas, E. (2013). *Siete hombres: Y el secreto de su grandeza*. Grupo Nelson.

Mitchell, Stan. 2010. *Equipping the Saints for the Ministry*. Henderson, TN: Hester Publications.

Mohler, Albert (2017). *Un líder de convicciones: 25 principios para un liderazgo relevante.* B&H Español.

Mohler, Albert. 2016. "The Scandal of Biblical Illiteracy: It's Our Problem." https://albertmohler.com/2016/01/20/the-scandal-of-biblical-illiteracy-its-our-problem-4/ Mounce, William D., ed. 2006. *Mounce's Complete Expository Dictionary of Old and New Testament Words.* Grand Rapids: Zondervan.

Ogden, Greg, and Daniel Meyer. 2007. *Leadership Essentials: Shaping Vision, Multiplying Influence, Defining Character.* Downers Grove, IL: IVP Connect.

Pells, Eddie. 2016. "Golden rule: For US relays, holding onto baton is job No.1," AP.

https://apnews.com/article/ae5a136ad36044e1b7b48b6f19ca77f5.

Powell, Kara, Jake Mulder, and Brad Griffin. (2016). *Creciendo juntos: 6 estrategias esenciales para ayudar a los jóvenes a descubrir y amar su iglesia.* Grand Rapids: Baker.

Price, J. M. (2000). *Jesús el Maestro.* Casa Bautista de Publicaciones.

Richards, & Bredeldt. (2002). *Enseñemos la Biblia creativamente.* Unilit.

Rogers, Cleon L. Jr., and Cleon L. Rogers III. 1998. *The New Linguistic and Exegetical Key to the Greek New Testament.* Grand Rapids: Zondervan.

Rost, Joseph C. 1993. *Leadership for the Twenty-First Century.* Westport, CT: Praeger.

Seeley, Thomas D. 2010. *Honeybee Democracy.* Princeton: Princeton University Press.

Self, Jerry. 2017. *Shepherds: Leaders in the Church.* Charleston, SC: Jerry Self.

Simpson, Alan K. 1999. Introduction to Gerald R. Ford's speech delivered at Harvard University's Kennedy School of Government's ARCO Forum. Cambridge, MA, 17 March.

Sinek, S. (2023). *Los líderes comen al final.* Urano World.

Sloan, Robert B. 2011. "A Biblical Model of Leadership." Pages 8–23 in *Christian Leadership Essentials: A Handbook for Managing Christian Organizations.* Edited by David S. Dockery. Nashville: Broadman & Holman.

Smith, Christian. 2005. *Soul Searching: The Religious and Spiritual Lives of American Teenagers.* Oxford: Oxford University Press.

Smith, Gordon T. 2017. *Institutional Intelligence: How to Build an Effective Organization.* Downers Grove, IL: InterVarsity Press.

Stanley, A., & Stoeker, F. (2016). *Visioingeniería: Los planes de Dios para el desarrollo y mantenimiento de visión personal.* Unilit.

Stanley, A. (2006). *7 Prácticas Efectivas del Liderazgo.* Vida.

Stott, John R. W. (2000). *La predicación: Puente entre dos mundos.* Libros Desafío.

Thayer, Joseph Henry. 1886. *A Greek-English Lexicon of the New Testament.* Corrected ed. New York: American Book Company.

Tichy, Noel M., with Nancy Cardwell. 2002. *The Cycle of Leadership: How Great Leaders Teach Their Companies to Win.* New York: HarperBusiness.

Tierney, Thomas J. 2006. "Understanding the Nonprofit Sector's Leadership Deficit." Pages 95–105 in *The Leader of the Future 2: Visions, Strategies, and*

Practices for the New Era. Edited by Frances Hesselbein and Marshall Goldsmith. San Francisco: Jossey-Bass.

Turner, Bob. 2020. *Essential: Building Blocks 4 Life and Leadership*. Columbia, SC: Bob Turner.

Turner, J. J. 2005. Shepherds, *Wake Up!: Ancient Training for Modern Shepherds*. Huntsville, AL: Publishing Designs.

Tuner, Bob. 2013. *Leading by the Book: Biblical Leadership Principles*. Scotts Valley, CA: CreateSpace.

"Two Ducks and a Frog." 1989. *Today in the Word* 4:34.

Whitney, D. S. (2016). *Disciplinas espirituales para la vida cristiana*. Navpress Publishing Group.

Wilder, Michael S., and Timothy Paul Jones. 2018. *The God Who Goes Before You: Pastoral Leadership as Christ-Centered Fellowship*. Nashville: B & H Academic.

Willard, D. (2013). *La divina conspiración: Nuestra vida escondida en Dios*. Zondervan.

Wilson, Marlene. 2004. *Volunteer Job Descriptions and Action Plans*. Loveland, CO: Group.

Wilson, Marlene. 2004. *Volunteer Orientation and Training*. Loveland, CO: Group.

Webster's Third New International Dictionary. 2002. Edited by Philip Babcock Gove. Springfield, MA: Merriam-Webster.

Work, Mike, and Ginny Olson. 2014. *Youth Ministry Management Tools 2.0: Everything You Need to Successfully Manage Your Ministry*. Grand Rapids: Zondervan.

Yeakley, Flavil R., Jr. 2014. *Shepherding God's Flock*. Nashville: 21st Century Christian.

Zenger, John H., and Joseph Folkman. (2013). *Transformando buenos directivos en líderes extraordinarios*. Profit.